Christian Prasser

Nicht alles wird schlimmer

Ein Buch über echten Fortschritt

Impressum

Christian Prasser
Predigerstraße 15
17207 Röbel an der Müritz
E-Mail: christian_prasser@web.de

Verantwortlich für den Inhalt nach § 55 Abs. 2 RStV: Christian Prasser

Verlag: BoD · Books on Demand GmbH, Überseering 33,

22297 Hamburg, bod@bod.de

Druck: Libri Plureos GmbH, Friedensallee 273, 22763 Hamburg

ISBN: 978-3-8192-2928-2

Inhaltsverzeichnis

Vorwort – Hoffnung ist kein Zufall

Warum wir neue Geschichten brauchen

Man hat manchmal das Gefühl, als gäbe es in unserer Gesellschaft nur noch zwei Aggregatzustände: Krise – oder gleich Weltuntergang. Ob Nachrichten, soziale Medien oder Gespräche am Küchentisch: Alles scheint schlimmer, gefährlicher, auswegloser zu werden. Und wenn es nicht schon schlimm ist, dann kommt es bestimmt bald. Inflation, Krieg, Klimakatastrophe, Populismus, Demokratieverfall – die Liste ließe sich beliebig fortsetzen.

Was wir erleben, ist mehr als nur die Summe von Ereignissen. Es ist ein Zustand. Ein Modus. Ein Dauerrauschen aus Alarm, Angst und Erschöpfung.

Dabei sind Krisen kein neues Phänomen. Wer sich erinnert oder in die Geschichtsbücher schaut, weiß: Auch die 1970er hatten ihre Ölkrise, ihre Umweltkatastrophen und Terroranschläge. Die 1980er waren vom Kalten Krieg und atomarer Bedrohung geprägt. Die 1990er brachten die Jugoslawienkriege, Aids und Tschernobyl. Und doch hatte man damals oft das Gefühl, es gäbe trotz allem Fortschritt, Aufbruch, Zuversicht. Heute dagegen: Überforderung. Polarisierung. Und ein wachsendes Gefühl der Ohnmacht.

Ich beobachte das mit Sorge. Nicht, weil ich die Krisen kleinreden will – im Gegenteil. Viele dieser Themen sind ernst, manche sogar bedrohlich. Aber was mich wirklich beunruhigt, ist etwas anderes: Dass sich ein Grundrauschen aus Schwarzmalerei, Dauerpessimismus und Alarmismus in unser Denken schleicht. Ein Klima der Resignation macht sich breit. Das Gefühl: Es bringt ja doch nichts. Alles geht den Bach runter. Wir können nur noch reagieren, nicht mehr gestalten.

Und genau dagegen richtet sich dieses Buch.

Ich möchte Mut machen. Mut, wieder hinzusehen – nicht nur auf das, was schiefläuft, sondern auch auf das, was gelingt. Auf das, was sich verbessert hat, was Hoffnung stiftet, was uns zeigt: Die Welt ist nicht verloren. Sie ist im Wandel. Und Wandel heißt nicht automatisch Niedergang. Wandel kann auch Fortschritt sein.

Warum wir so selten das Gute sehen

Wir leben in einer Zeit, in der Negativität ökonomisch funktioniert. Schlechte Nachrichten verkaufen sich. Sie bekommen mehr Klicks, mehr Reichweite, mehr Aufmerksamkeit. Das hat viel mit der Logik der sozialen Medien zu tun – aber auch mit unserer eigenen Psychologie. Der Mensch ist evolutionär darauf programmiert, Bedrohungen schneller wahrzunehmen als Chancen. Ein lautes Geräusch im Wald war für unsere Vorfahren potenziell lebensbedrohlich. Eine Beere am Wegesrand – nett, aber nicht überlebenswichtig.

Diese sogenannte Negativity Bias beeinflusst bis heute unser Denken. Und wenn sie sich mit dem Geschäftsmodell von Medienhäusern und Plattformen verbindet, entsteht ein Bild von der Welt, das verzerrt ist – weil es fast ausschließlich den Ausnahmezustand abbildet. Was ruhig läuft, was sich verbessert, was gelingt, hat kaum eine Chance, durchzudringen.

Hinzu kommt die schiere Menge an Informationen. Alles ist jederzeit überall verfügbar. Wir lesen von Gewalt in Myanmar, Überschwemmungen in Südamerika, politischen Krisen in Israel, Massakern im Kongo – und das alles vor dem Frühstück. Kein Mensch kann diese globale Dauerkrise emotional verarbeiten. Also ziehen wir uns zurück. Oder stumpfen ab.

Aber es gibt eine Alternative: bewusste Wahrnehmung. Fokussierung. Die Entscheidung, den Blick auch auf das Positive zu richten – nicht naiv, sondern als Gegengewicht. Denn wer immer nur das Schlechte erwartet, wird das Gute gar nicht mehr wahrnehmen.

Fortschritt im Verborgenen

Dabei ist das Gute längst da. Vielleicht leiser. Vielleicht weniger spektakulär. Aber es ist da.

Zum Beispiel in der medizinischen Forschung: 2023 gelang es erstmals, mithilfe von Künstlicher Intelligenz ein neues Antibiotikum zu entwickeln – in wenigen Wochen statt Jahren. Es richtet sich gegen resistente Krankenhauskeime, gegen die bisher kaum ein Mittel wirkte.

Oder in der Krebsbekämpfung: Die Sterblichkeitsrate bei Brust-, Prostata- und Darmkrebs ist in den letzten Jahrzehnten kontinuierlich gesunken – nicht nur wegen besserer Therapien, sondern auch durch Früherkennung und Aufklärung. Die Überlebensraten steigen.

Auch in der Armutsbekämpfung hat sich etwas getan: Laut Weltbank ist der Anteil der Menschen in extremer Armut weltweit von über 35 % im Jahr 1990 auf unter 10 % im Jahr 2020 gesunken – trotz Kriegen und Krisen. Jeder Mensch, der Zugang zu sauberem Wasser, medizinischer Versorgung oder Bildung bekommt, ist ein Zeichen dafür, dass Fortschritt möglich ist.

Oder nehmen wir die Rolle Europas: Der russische Angriff auf die Ukraine war ein Schock – und doch hat Europa etwas geschafft, was viele nicht für möglich hielten: Gemeinsamkeit. Sanktionen wurden beschlossen, Waffen geliefert, Energiequellen umgestellt. Der Zusammenhalt ist nicht perfekt, aber er ist spürbar. Und das ist in dieser historischen Situation keine Selbstverständlichkeit.

Die Kraft der jungen Generation

Besonders hoffnungsvoll stimmt mich die Energie, die von der jungen Generation ausgeht. Sie ist oft lauter, kompromissloser, unbequemer – aber genau das braucht es. Denn Veränderung kommt selten aus Bequemlichkeit. Ob Fridays for Future, zivilgesellschaftliches Engagement oder Start-ups, die nachhaltige Lösungen entwickeln: Es bewegt sich etwas.

Und anders als oft behauptet, ist diese Generation nicht politikverdrossen. Im Gegenteil. Sie ist interessierter, wacher, engagierter – aber auf anderen Kanälen, mit anderen Mitteln. Das klassische Parteibuch mag out sein.

Aber Haltung, Werte und Beteiligung sind keineswegs verschwunden. Sie haben sich nur verändert.

Auch an der Börse gibt es gute Nachrichten

Selbst im oft kritisierten Finanzsektor zeigen sich positive Entwicklungen. Die Weltbörsen, ob DAX, S&P 500 oder Nasdaq, haben nach den Schocks der Pandemie und der Energiekrise wieder an Stabilität gewonnen. Unternehmen investieren, Innovationen kommen auf den Markt, Arbeitsplätze entstehen.

Gerade in der Technologie- und Gesundheitsbranche sehen wir ein enormes Wachstum. Das zeigt: Trotz aller Unsicherheiten glauben viele Menschen und Investoren an die Zukunft. Und sie investieren in sie.

Wer also behauptet, es gehe alles nur bergab, übersieht einen wichtigen Punkt: Krisen führen oft zu neuen Lösungen. Ob Impfstoffentwicklung, Digitalisierung im Gesundheitswesen oder Fortschritte in der grünen Energie – viele Innovationen der letzten Jahre wurden nicht trotz, sondern wegen der Krise vorangetrieben.

Ein Beispiel für unsere kollektive Ungeduld

Ein aktuelles Beispiel bringt die Sache auf den Punkt: Friedrich Merz ist gerade Kanzler geworden. Seine neue Regierung hat noch keinen einzigen Tag gearbeitet, keine Entscheidung getroffen, keine Weiche gestellt – und doch überschlagen sich schon die Kommentare, wie furchtbar alles wird. Als hätte man das Scheitern schon voreilig einbestellt.

Das ist bezeichnend für den Zustand, in dem wir uns befinden: Wir geben den Dingen gar keine Chance mehr, sich zu entwickeln. Wir sind im Dauerurteil. Im permanenten Kommentar-Modus. In einer Haltung, die gar keine Neugier mehr kennt – nur noch Bestätigung der eigenen Befürchtungen.

Dabei ist die Fähigkeit, offen zu bleiben, entscheidend für jede Demokratie. Wer schon vorher weiß, wie alles enden wird, braucht keine

Debatte mehr. Und das ist gefährlich – für unseren gesellschaftlichen Diskurs, aber auch für unsere innere Haltung.

Dieses Buch soll ein Gegengewicht sein. Kein Märchenbuch. Kein „Alles wird gut„-Ratgeber. Sondern eine Einladung: den Blick zu weiten. Die Balance wiederzufinden. Und sich zu erinnern, dass wir als Gesellschaft sehr wohl in der Lage sind, Krisen zu bewältigen, Lösungen zu finden, Probleme zu bearbeiten. Wir tun das ständig. Nur sehen wir es zu selten.

Ich will kein Schönredner sein. Ich habe Respekt vor den Herausforderungen unserer Zeit. Aber ich glaube, es ist ein gefährlicher Irrtum zu glauben, man sei nur dann verantwortungsvoll, wenn man alles negativ sieht. Verantwortung heißt nicht: schwarzsehen. Verantwortung heißt: mit kühlem Kopf handeln, Mut machen, Zuversicht stiften – auf Basis von Fakten, nicht von Angstreflexen.

Und genau darum geht es mir hier: Fakten. Entwicklungen. Beispiele. Positive Tendenzen, die sich in den letzten ein, zwei Jahren abgezeichnet haben – trotz Krieg, trotz Pandemie-Folgen, trotz Inflation und Energiekrise. Oder vielleicht auch gerade deswegen. Denn oft ist es ja der Druck der Umstände, der Innovation hervorbringt, Solidarität weckt, Wandel beschleunigt.

Wir haben gesehen, wie Europa zusammensteht, wenn es darauf ankommt. Wir erleben, wie die Energie der jungen Generation Debatten verändert. Wir sehen bahnbrechende Fortschritte in der Medizin, der Klimatechnologie, der Bildung weltweit. Und ja: Die Weltbörsen zeigen – allen Unkenrufen zum Trotz – Vertrauen in die Zukunft. Es gibt Wachstum. Es gibt Rendite. Es gibt wirtschaftliche Stärke. Auch das gehört zur Wahrheit.

Am Ende stellt sich die zentrale Frage: Worauf richten wir unseren Fokus?

Ich glaube: Wir brauchen beides. Die Auseinandersetzung mit Problemen – und den Glauben an Lösungen. Nur wer beides verbindet, bleibt handlungsfähig. Wer nur Probleme sieht, verharrt in Angst. Wer nur Lösungen sieht, verkennt die Realität. Aber wer beides ernst nimmt, kann gestalten.

Deshalb habe ich dieses Buch geschrieben. Weil ich wieder mehr Balance in unsere Wahrnehmung bringen möchte. Weil ich glaube, dass Hoffnung kein naiver Luxus ist, sondern eine notwendige Ressource. Und weil ich überzeugt bin, dass es sich lohnt, nicht mit dem Finger auf „die Welt da draußen,, zu zeigen, sondern den eigenen Blick zu hinterfragen.

Vielleicht ist das der wichtigste Schritt: den eigenen Alarmismus zu erkennen – und ihm etwas entgegenzusetzen. Nicht mit Ignoranz. Sondern mit Neugier. Mit Klarheit. Mit dem Mut, auch das Gute zu sehen, selbst wenn andere es übersehen.

Wenn du dieses Buch aufschlägst, lade ich dich ein: Lies es mit einem offenen Herzen. Nimm dir die Freiheit, dich zu freuen. Über Dinge, die funktionieren. Über Menschen, die vorangehen. Über Entwicklungen, die Hoffnung machen.

Denn so viel steht fest: Die Welt steht nicht still. Und sie geht nicht unter. Sie verändert sich. Und mittendrin: wir. Als Teil dieser Veränderung. Als Mitgestaltende. Als Menschen, die sich nicht von Angst lähmen lassen, sondern von Hoffnung leiten.

In diesem Sinne: Willkommen in einem Buch voller guter Nachrichten.

Kapitel 1: Warum wir gute Nachrichten brauchen

Man könnte meinen, die Welt sei in den letzten Jahren endgültig aus den Fugen geraten. Corona, Ukraine-Krieg, Inflation, Energiekrise, Klimakatastrophen, Rezessionsangst – es gibt kaum eine Nachrichtensendung, in der nicht mindestens ein Grund zur Sorge geliefert wird. Und wenn man all das hört, sieht, liest, dann ist es verständlich, dass viele Menschen in eine Art Daueranspannung geraten. Alarmmodus. Immer auf Stand-by für den nächsten Schock.

Doch was macht das mit uns – mit unserer Wahrnehmung, mit unserem Alltag, mit unserem Blick auf die Zukunft?

Es lässt uns abstumpfen. Es nimmt uns die Hoffnung. Und es vermittelt das Gefühl, dass wir der Welt und ihrer Entwicklung ausgeliefert sind – hilflos, ohne Gestaltungsmacht. Dabei stimmt das nicht.

Denn bei aller Realität der Krisen: Es ist nicht die ganze Wahrheit. Es ist nur ein Ausschnitt. Und zwar ein sehr dominanter.

Die neue Normalität: Schwarzsehen als Schutzmechanismus

Wenn ich auf Gespräche in meinem Alltag blicke – ob beruflich, privat oder im öffentlichen Raum – dann fällt mir auf, wie oft Menschen mit einem Satz beginnen wie: „Na, das kann ja wieder nichts werden …," oder „Wenn das so weitergeht, dann ist sowieso alles zu spät …,". Diese Haltung ist zur neuen Normalität geworden. Sie wirkt fast schon wie ein Schutzmechanismus. Lieber gleich mit dem Schlimmsten rechnen, dann wird man wenigstens nicht enttäuscht.

Aber was wäre, wenn gerade diese Denkweise uns davon abhält, das Gute zu erkennen – und es zu fördern?

Ich glaube: Wir müssen lernen, unseren Fokus wieder bewusster zu steuern. Nicht wegsehen – aber eben auch nicht nur auf das Negative starren. Es ist ein Unterschied, ob man realistisch oder resigniert ist. Und genau diesen Unterschied will ich in diesem Buch sichtbar machen.

Wenn wir zurückblicken, stellen wir fest: Die Menschheit hat in jeder Epoche Herausforderungen erlebt – oft größere als heute. Die Spanische Grippe forderte mehr Todesopfer als beide Weltkriege zusammen. Im Kalten Krieg lebten Menschen jahrzehntelang in permanenter Angst vor einem Atomschlag. Die Kinderlähmung war bis in die 1960er eine reale Bedrohung für Familien weltweit.

Und dennoch hat die Menschheit Wege gefunden. Nicht immer perfekte, nicht immer schnelle, aber immerhin Wege. Fortschritt ist kein Zufall. Er ist das Ergebnis von Menschen, die nicht aufgegeben haben. Die hingesehen haben. Die angepackt haben. Die nicht gelähmt waren von Angst – sondern bewegt von Hoffnung.

Heute stehen wir wieder an so einem Punkt. Die Welt ist in Bewegung. Und ja – es ist anstrengend. Es ist fordernd. Aber es ist auch voller Möglichkeiten.

Hoffnung passiert nicht von selbst – man muss sie sehen wollen

Überall gibt es Aufbrüche, Entwicklungen, gute Ideen. Technologien, die Hoffnung machen. Junge Menschen, die sich einbringen. Länder, die sich öffnen. Unternehmen, die Verantwortung übernehmen. All das passiert. Nur geht es oft unter.

Warum?

Weil unser medialer Fokus verzerrt ist. Weil schlechte Nachrichten mehr Klicks bringen. Mehr Aufmerksamkeit. Mehr Reichweite. Und weil sich Medien – ob digital oder analog – längst im Wettbewerb um die größte Empörung befinden. Was dramatischer klingt, wird eher gelesen. Was Hoffnung macht, gilt oft als langweilig.

Das ist kein Vorwurf an „die Medien„, sondern eine Beschreibung der Mechanik. Aufmerksamkeit ist die Währung unserer Zeit – und Angst ein mächtiger Magnet.

Die Psychologie der Negativität

Dazu kommt ein psychologischer Effekt, der tief in uns verankert ist: der sogenannte Negativity Bias. Er beschreibt die Tendenz des menschlichen Gehirns, negative Informationen stärker zu gewichten als positive. Eine schlechte Nachricht bleibt länger im Gedächtnis als zehn gute. Ein kritischer Kommentar wirkt stärker als ein Lob. Diese Prägung hatte einst einen Überlebenswert – sie half unseren Vorfahren, Gefahren schneller zu erkennen. Doch in einer Welt der Informationsüberflutung wird sie zum Problem.

Denn sie verzerrt unser Bild von der Wirklichkeit. Wer täglich mit Nachrichten gefüttert wird, die vor allem Gefahren, Konflikte und Missstände zeigen, beginnt zu glauben, die ganze Welt bestehe daraus. Dabei ist das nur ein Ausschnitt. Es ist nicht falsch – aber es ist unvollständig. Und gerade das ist gefährlich. Denn wenn wir glauben, alles sei verloren, hören wir auf, für das zu kämpfen, was noch zu gewinnen ist.

Hoffnung ist kein Luxus – sie ist notwendig

Dabei ist Hoffnung kein naives Gefühl. Sie ist eine Ressource. Eine Haltung. Ein Antrieb. Hoffnung bedeutet nicht, die Realität auszublenden – sondern sie zu gestalten. Wer hofft, handelt. Wer aufgibt, bleibt stehen.

Hoffnung ist auch kein Zustand. Sie ist Arbeit. Sie braucht Mut. Und sie braucht – wie alles Menschliche – Pflege. Wenn wir Hoffnung nicht nähren, verdorrt sie. Wenn wir sie nicht wahrnehmen, verliert sie ihre Wirkung. Doch wenn wir sie bewusst suchen, erkennen wir plötzlich: Es gibt sie. Überall.

Was sich wirklich verändert – ein Blick auf Fakten

Ein paar Beispiele – ganz ohne rosa Brille, sondern gestützt auf verlässliche Daten:

- **Weltweite Armut**: Der Anteil der Menschen in extremer Armut ist laut Weltbank in den letzten 30 Jahren von über 35 % auf unter 10 % gesunken. Das bedeutet: Milliarden Menschen haben heute Zugang zu sauberem Wasser, Bildung, medizinischer Versorgung und Chancen, die ihre Eltern nie hatten.

- **Medizinische Durchbrüche**: Die Krebssterblichkeit in Europa ist seit den 1990ern um über 20 % gesunken. Neue Therapien, Früherkennung und bessere Nachsorge zeigen Wirkung. Bei HIV ist aus einem Todesurteil eine behandelbare chronische Erkrankung geworden. Selbst gegen Alzheimer werden erste wirksame Wirkstoffe erforscht.

- **Globale Bildung**: Noch nie waren so viele Kinder auf der Welt in der Schule wie heute. Die Alphabetisierungsrate steigt. Der Zugang zu digitalen Lernplattformen ermöglicht selbst in entlegenen Regionen Unterricht.

- Klimaschutztechnologien: Die Kosten für Solar- und Windenergie sind seit 2010 um über 80 % gefallen. Immer mehr Länder setzen auf grünen Wasserstoff, CO_2-Speicherung und nachhaltige Mobilität. Das 1,5-Grad-Ziel ist kein Selbstläufer – aber auch kein Hirngespinst.

- Europa als Friedensprojekt: Bei aller Kritik und Bürokratie – die EU hat geschafft, was Jahrhunderte lang undenkbar war: Dauerhaften Frieden zwischen Ländern, die sich einst bekriegt haben. Der gemeinsame Binnenmarkt, Reisefreiheit, eine gemeinsame Währung – das alles wirkt oft selbstverständlich. Ist es aber nicht.

Gute Nachrichten finden im Kleinen statt

Viele gute Nachrichten sind keine Schlagzeilen. Sie passieren im Stillen. In Kommunen, in Nachbarschaften, in Schulen und Start-ups. Menschen helfen einander, engagieren sich ehrenamtlich, entwickeln Ideen, gründen soziale Unternehmen, fördern Bildung, integrieren Geflüchtete, erfinden neue Wege für Inklusion, Teilhabe, Verständigung.

Nur weil es leiser ist, ist es nicht weniger bedeutsam.

Und oft wird das Gute auch deshalb nicht wahrgenommen, weil es nicht „neu„ ist – sondern kontinuierlich. Der Rückgang der Kindersterblichkeit. Der weltweite Zugang zu Impfungen. Die steigende Lebenserwartung. Alles keine Eilmeldungen. Aber alles Grund zur Hoffnung.

Der Blick entscheidet: Was sehen wir – und was nicht?

Es ist erstaunlich, wie sich der Blick auf die Welt verändert, wenn man bewusst nach dem Positiven sucht. Plötzlich fällt einem auf, dass die Zahl der Menschen in extremer Armut gesunken ist. Dass Krankheiten heilbar werden, die noch vor wenigen Jahren ein Todesurteil waren. Dass sich Europa bei aller Vielfalt immer stärker als gemeinsames Projekt versteht. Dass die Energiewende vorankommt. Dass neue Arbeitsmodelle entstehen. Dass Demokratie eben doch lebt – auch wenn sie angegriffen wird.

Und genau das ist die Essenz: Unser Blick entscheidet. Nicht über die Realität, aber über unsere Haltung zu ihr. Und damit auch über unsere Fähigkeit, sie mitzugestalten.

Ein Gegengewicht schaffen – nicht zur Wahrheit, sondern zur Wahrnehmung

Ich möchte mit diesem Buch ein Gegengewicht schaffen. Kein Gegengewicht zur Wahrheit – aber zu ihrer Schieflage in der Wahrnehmung. Ich möchte zeigen: Es gibt eine andere Seite. Eine, die nicht so laut ist, aber umso bedeutungsvoller. Eine Seite, die uns Mut machen kann. Wenn wir ihr wieder zuhören.

Gute Nachrichten sind kein naiver Luxus. Sie sind ein realistisches Gegengift gegen das lähmende Gefühl, nichts mehr verändern zu können. Und sie helfen uns, das zu sehen, was unsere Energie wirklich verdient: das, was gelingt.

Dieses Kapitel ist eine Einladung, die Augen neu zu justieren. Nicht, um Probleme zu übersehen. Sondern um wieder zu erkennen, wofür es sich lohnt, aufzustehen. Nicht trotz der Krisen – sondern wegen ihnen.

Ausblick: Was dieses Buch nun zeigen will

In den kommenden Kapiteln werden wir gemeinsam dorthin schauen, wo etwas vorangeht. In der Medizin. In der Bildung. In der Digitalisierung. In der Wirtschaft. In der Gesellschaft. Ich will Entwicklungen sichtbar machen, die Mut machen. Und Beispiele erzählen, die zeigen: Es geht. Es bewegt sich etwas. Es lohnt sich, hinzusehen.

Denn am Ende ist der größte Irrtum nicht, dass wir zu viel hoffen – sondern dass wir glauben, es lohne sich nicht mehr.

Doch das tut es. Immer.

Kapitel 2: Europa wird erwachsen
Wie Krisen den Kontinent stärken und zusammenschweißen

Man sagt, wahre Reife zeigt sich nicht in Schönwetterphasen, sondern im Sturm. Und wenn das stimmt – dann wird Europa gerade erwachsen. Vielleicht zum ersten Mal wirklich.

Die Europäische Union war lange ein Projekt des Friedens, der Wirtschaft und des Handels. Zölle abschaffen, reisen ohne Grenzen, gemeinsam wachsen – das war die Idee. Ein Erfolgsmodell, zweifellos. Aber es war ein Modell, das auf Vertrauen und Wohlstand beruhte. Als dann die ersten großen Erschütterungen kamen – die Eurokrise, die Flüchtlingsbewegung 2015, der Brexit – zeigte sich, wie fragil dieses Vertrauen sein konnte. Der Eindruck entstand, dass Europa sich in der Krise oft selbst im Weg steht: zu langsam, zu uneinig, zu technokratisch. Und dieser Eindruck hat sich über Jahre hinweg festgesetzt.

Doch was wir in den letzten zwei, drei Jahren erleben, ist eine andere Geschichte. Eine neue, noch nicht auserzählte. Es ist die Geschichte eines Europas, das beginnt, aus seinen Krisen zu lernen. Und nicht nur zu reagieren, sondern Verantwortung zu übernehmen. Für sich selbst – und füreinander.

Der Katalysator heißt Realität

Manchmal braucht es äußeren Druck, damit innere Prozesse in Gang kommen. Und genau das ist mit dem Ukrainekrieg passiert. Als Russland im Februar 2022 seinen Angriff auf die Ukraine begann, stand Europa vor einer historischen Zäsur. Plötzlich war da keine abstrakte Bedrohung mehr, sondern ein realer Krieg auf unserem Kontinent. Die Illusion, man könne sich in geopolitischen Fragen heraushalten, war mit einem Schlag vorbei.

Und Europa? Hat gehandelt.

Schneller, geschlossener und entschlossener als viele es je für möglich gehalten hätten. Noch im Februar wurden milliardenschwere Sanktionen beschlossen. Die Energieabhängigkeit von Russland – über Jahrzehnte sorgsam aufgebaut – wurde in Rekordzeit abgebaut. Staaten, die sich jahrzehntelang gegen Waffenlieferungen gesperrt hatten, änderten ihre Haltung. Und Länder, die sich in der Vergangenheit eher national orientiert hatten, rückten zusammen.

Europa schien aufgewacht. Nicht aus Bequemlichkeit, sondern aus Notwendigkeit. Aber dieses Erwachen war kraftvoll – und vor allem: handlungsfähig.

Europas neue Sicherheitsidentität

Ein Beispiel: Der Ausbau gemeinsamer Verteidigungskapazitäten. Was jahrzehntelang als politische Luftnummer belächelt wurde, nimmt nun konkrete Formen an – durch gemeinsame Beschaffungsprogramme, koordinierte Ausbildung, mehr Verantwortung in der NATO.

Frankreich und Deutschland treiben gemeinsam Projekte zur Luftraumverteidigung und Panzerentwicklung voran. Mit dem „Strategic Compass,, hat die EU 2022 erstmals ein strategisches Dokument verabschiedet, das sicherheitspolitische Ziele klar benennt – inklusive der Fähigkeit, Kriseneinsätze auch ohne NATO durchzuführen.

Deutschland hat ein Sondervermögen von 100 Milliarden Euro für die Bundeswehr beschlossen – eine Kehrtwende historischen Ausmaßes. Und während in Washington immer wieder mit dem Gedanken gespielt wird, sich aus europäischen Sicherheitsfragen zurückzuziehen, wächst in Europa das Bewusstsein: Wir müssen uns um uns selbst kümmern.

Ein Umdenken, das lange überfällig war – und nun entschlossen in Gang gesetzt wurde.

Die Stunde der Verantwortung

Natürlich gibt es weiterhin Unterschiede. Natürlich ist die europäische Einigkeit kein Selbstläufer. Aber wer genau hinsieht, erkennt: Die Krisen der letzten Jahre haben aus einem oft trägen Konstrukt ein handlungsfähiges Bündnis gemacht. Man streitet noch – aber man entscheidet. Man zögert – aber man handelt. Und das ist ein Reifungsprozess, der Hoffnung macht.

Ein weiteres Beispiel ist der Green Deal der EU. Trotz Energiekrise und wirtschaftlichem Druck hält Europa an seinen Klimazielen fest. Das ist nicht selbstverständlich. Andere Regionen der Welt – etwa die USA oder Australien – haben in der Krise ihre Ambitionen zeitweise zurückgefahren. Europa hat im Gegenteil Investitionen in klimaneutrale Technologien, erneuerbare Energien und nachhaltige Industrie verstärkt.

- Die EU-Taxonomie definiert verbindlich, was „nachhaltig,, ist – ein Meilenstein für grüne Investitionen.

- Das Fit-for-55-Paket sieht vor, die Emissionen bis 2030 um mindestens 55 % gegenüber 1990 zu senken.

- Der CO_2-Grenzausgleichsmechanismus (CBAM) sorgt dafür, dass Importe aus Ländern mit niedrigeren Umweltstandards nicht billiger sind – ein mutiger Schritt hin zu globalem Klimaschutz auf Augenhöhe.

All das sind keine kleinen Reformen. Es sind Weichenstellungen für eine wirtschaftliche und ökologische Transformation. Und diese Transformation geschieht nicht unter Zwang, sondern aus Überzeugung – weil Europa verstanden hat, dass es sich langfristig nur behaupten kann, wenn es innovativ, nachhaltig und unabhängig ist.

Rückbesinnung auf gemeinsame Werte

Doch nicht nur wirtschaftlich und sicherheitspolitisch ist Europa in Bewegung. Auch politisch-innenpolitisch lässt sich ein neuer Geist erkennen – ein Ringen um Werte, das wieder stärker geführt wird.

Ein Beispiel ist Polen. Nach Jahren des Konflikts mit der EU über Rechtsstaatlichkeit, Justizreform und Medienfreiheit hat die Parlamentswahl 2023 eine demokratische Wende eingeleitet. Die pro-europäische Opposition siegte deutlich, und es kam zu einem Regierungswechsel – getragen von einer breiten Zivilgesellschaft, die genug hatte vom Kurs der Spaltung.

Auch in anderen Ländern ist Bewegung spürbar:

- In Spanien konnte sich ein gemäßigtes Bündnis gegen rechte Parteien durchsetzen.

- In der Slowakei gewannen pro-europäische Kräfte nach Jahren der Instabilität wieder die Oberhand.

- In Italien, wo Giorgia Meloni mit ihrer rechten Regierung antrat, zeigt sich bislang ein erstaunlich pragmatischer Kurs – maßgeblich beeinflusst durch die Zwänge und Chancen der europäischen Zusammenarbeit.

Europa ist keine perfekte Union. Aber es ist eine lernende. Und genau das macht es so besonders. Denn in einer Welt, die sich immer schneller verändert, ist nicht Perfektion gefragt – sondern Anpassungsfähigkeit, Verantwortungsbewusstsein und Zusammenhalt.

Mehr Europa im Denken der Menschen

Eine weitere Entwicklung, die oft übersehen wird: In der Wahrnehmung der Bürgerinnen und Bürger ist Europa **stärker verankert** als noch vor wenigen Jahren.

- Der Brexit war ein Schock – aber auch ein Wachrütteln. Die wirtschaftlichen und politischen Folgen haben deutlich gemacht: Austritt ist keine Lösung.

- Die Pandemie hat gezeigt, wie wichtig koordinierte Gesundheitspolitik ist – von der gemeinsamen Impfstoffbeschaffung bis zum digitalen Impfzertifikat.

- Der Ukrainekrieg hat verdeutlicht, dass Frieden keine Selbstverständlichkeit ist – und dass kollektive Sicherheit nicht verhandelbar ist.

Laut dem Eurobarometer vom Frühjahr 2024 liegt die Zustimmung zur EU in vielen Mitgliedstaaten bei über 70 %. In Deutschland geben 81 % der Befragten an, dass sie Europa als Schutzraum wahrnehmen – vor Krieg, Inflation, Desinformation. Diese Zahlen zeigen: Das Vertrauen wächst. Nicht blind, aber bewusst.

Solidarität durch finanzielle Innovation

Auch auf institutioneller Ebene tut sich viel. Der Wiederaufbaufonds der EU – offiziell „NextGenerationEU„ – war ein historischer Schritt. Zum ersten Mal nahm die EU in großem Stil gemeinsam Schulden auf, um sie solidarisch unter den Mitgliedstaaten zu verteilen.

750 Milliarden Euro standen bereit, um den wirtschaftlichen Wiederaufbau nach Corona zu finanzieren – mit Fokus auf Digitalisierung, Bildung, Infrastruktur und Klimaschutz. Ein Instrument, das nicht nur ökonomisch sinnvoll war, sondern auch symbolisch: Europa kann gemeinsam handeln, wenn es darauf ankommt.

Diese Art von Solidarität verändert die EU von innen. Sie schafft Vertrauen. Und sie zeigt, dass Krisen auch Chancen für institutionelle Reformen sind.

Donald Trump – ein unerwarteter Impulsgeber

Und dann ist da noch eine Entwicklung, die auf den ersten Blick paradox klingt, auf den zweiten aber Sinn ergibt: Donald Trump – ob nun wiedergewählt oder nicht – könnte ein Weckruf für Europa sein.

Seine „America First„-Politik, sein Misstrauen gegenüber der NATO, seine Kritik an multilateralen Strukturen – all das zwingt Europa dazu, sich nicht mehr auf den großen Bruder zu verlassen. Und genau das könnte heilsam sein.

Denn nichts motiviert so sehr zur Eigenständigkeit wie das Wissen, dass man sich nicht mehr auf andere verlassen kann. Europa hat jahrzehntelang unter dem Schutzschirm der USA gelebt. Vielleicht ist es an der Zeit, diesen Schutzschirm nicht abzulehnen – aber zu ergänzen. Mit eigener Kraft. Eigener Strategie. Eigener Stimme.

Die Kraft der Vielfalt

Natürlich bleibt Europa ein komplexes Gebilde. 27 Staaten, 24 Amtssprachen, hunderte Interessen. Aber vielleicht liegt gerade darin die Kraft: Vielfalt nicht als Hindernis, sondern als Potenzial.

Denn Europa ist kein Einheitsstaat. Es ist ein Mosaik. Und dieses Mosaik beginnt sich zu ordnen – durch gemeinsame Herausforderungen, gemeinsame Ziele, gemeinsame Werte. Man merkt es an den Debatten. Am Willen zur Einigung. An der Bereitschaft, auch unbequeme Entscheidungen zu treffen. Und vor allem: am Blick nach vorn.

Auch kulturell ist Europa lebendiger denn je. Junge Menschen wachsen selbstverständlich mit Auslandssemester, Erasmus-Programmen und mehrsprachiger Kommunikation auf. Die europäische Idee ist für viele keine politische Formel mehr, sondern gelebter Alltag.

Ein realistischer Optimismus

Das Kapitel Europa ist nicht zu Ende geschrieben. Es ist offen, wie es weitergeht. Aber es gibt Grund zur Hoffnung. Denn aus der Krisenunion der Vergangenheit wird langsam eine Gestaltungsunion. Noch nicht perfekt. Noch nicht immer konsequent. Aber: in Bewegung.

Und das ist vielleicht die wichtigste gute Nachricht: Europa hat begriffen, dass es nicht nur ein Friedensprojekt, ein Binnenmarkt oder eine Währungsgemeinschaft ist. Sondern ein politisches Versprechen. Ein Versprechen auf Zusammenarbeit, auf Verantwortung, auf Zukunft.

Wenn wir das erkennen – und mit Leben füllen – dann hat Europa nicht nur eine Vergangenheit, sondern auch eine starke Perspektive.

Fazit: Europa kann Krise

Die Europäische Union hat sich in den letzten Jahren als lernfähig und resilient erwiesen. Aus der Krisengemeinschaft ist eine Gemeinschaft des Handelns geworden. Ob Verteidigung, Energiepolitik oder Rechtsstaatlichkeit – Europa wächst an seinen Aufgaben. Es gibt noch viel zu tun, aber der Kontinent ist auf dem Weg, erwachsen zu werden. Nicht perfekt, aber entschlossen.

Kapitel 3: Die Welt als Ganzes – weniger Armut, mehr Bildung
Warum die Welt besser dasteht, als wir oft glauben

Es klingt fast wie ein schlechter Witz, wenn man es laut ausspricht. Gerade in diesen Zeiten, in denen Krisen dominieren, Kriege aufflammen, Pandemien nachwirken und die Schlagzeilen von Angst durchzogen sind, soll man behaupten: Die Welt ist besser geworden?

Und doch ist genau das der Fall.

Nicht perfekt. Nicht gerecht. Nicht sorgenfrei. Aber besser. **Messbar besser.**

Der große Trend: weniger extreme Armut

Es gibt eine Zahl, die mehr über die Welt erzählt als viele Nachrichtenbilder zusammen. Sie stammt von der Weltbank und beschreibt den Anteil der Menschen weltweit, die in extremer Armut leben – also mit weniger als 2,15 US-Dollar pro Tag auskommen müssen.

* **1990** lag dieser Anteil bei rund **36 %**.

* Heute – trotz Pandemien, Kriegen und Wirtschaftskrisen – liegt er bei unter 9 %.

* In absoluten Zahlen bedeutet das: **mehrere hundert Millionen Menschen** haben in den letzten drei Jahrzehnten die Schwelle aus existenzieller Armut überwunden.

Das ist nicht das Ergebnis eines Wunders. Es ist die Folge von politischem Willen, wirtschaftlichem Fortschritt, medizinischer Versorgung, technologischen Innovationen – und Bildung.

Wer lesen kann, ist nicht nur besser informiert – er hat auch bessere Chancen auf ein selbstbestimmtes Leben. Bildung senkt das Armutsrisiko, erhöht die wirtschaftliche Unabhängigkeit, stärkt die Demokratie und fördert Gleichstellung.

Und auch hier sind die Entwicklungen beeindruckend:

- In den **1950er Jahren** konnte weltweit **nur etwa die Hälfte aller Menschen** lesen und schreiben.

- Heute liegt die **globale Alphabetisierungsrate bei rund 87 %**.

- In Regionen wie **Lateinamerika, Ostasien oder Nordafrika** liegt sie bei über **95 %**.

Einige besonders beeindruckende Beispiele:

- **Äthiopien**: Die Einschulungsrate im Grundschulbereich ist seit dem Jahr 2000 von unter 30 % auf über 90 % gestiegen.

- Bangladesch: Heute besuchen mehr Mädchen als Jungen die Grundschule – ein beachtlicher kultureller Wandel in einem einst patriarchalisch geprägten Land.

- **Ruanda**: Die Regierung setzt konsequent auf kostenlose Schulbildung, digitale Unterrichtsformate und Lehrerfortbildungen.

All das geschieht oft unter schwierigsten Bedingungen – in Regionen mit Armut, Konflikten oder schwacher Infrastruktur. Doch genau dort entstehen kleine Bildungswunder. Leise, aber wirkungsvoll.

Gesundheit: weniger Kindersterblichkeit, mehr Lebenszeit

Auch im Gesundheitsbereich zeigt sich eine globale Verbesserung. Besonders in den ärmsten Regionen gab es in den letzten Jahrzehnten **dramatische Fortschritte**, die im medialen Schatten der Pandemie oft untergehen.

Ein paar Zahlen, die Hoffnung machen:

- Die **Kindersterblichkeit** (unter fünf Jahren) ist seit 1990 **um über 60 %** gesunken.

- Damals starben jährlich über 12 Millionen Kinder – heute sind es noch etwa 5 Millionen, trotz Bevölkerungswachstums.

- Die Lebenserwartung ist in fast allen Weltregionen gestiegen – auch in Afrika südlich der Sahara, wo sie heute durchschnittlich bei über 60 Jahren liegt (1990: unter 50).

Besonders beeindruckend ist die Entwicklung in Ruanda: Nach dem Völkermord 1994 galt das Land als gescheitert. Heute hat es eines der effizientesten Gesundheitssysteme Afrikas – mit Impfquoten über 95 %, flächendeckender Basisversorgung und digital gestütztem Monitoring.

Ein weiteres Beispiel ist der globale Kampf gegen Malaria: Die Zahl der Todesfälle wurde seit 2000 fast halbiert. Neue Impfstoffe wie RTS,S und R21/Matrix-M wurden 2023 und 2024 eingeführt – ein medizinischer Durchbruch, der Millionen Kinderleben retten könnte.

Der stille Fortschritt: Wasser, Strom, sanitäre Versorgung

Was für uns selbstverständlich ist, ist in vielen Teilen der Welt eine tägliche Herausforderung. Und doch: Auch hier geht es voran.

- Der Zugang zu sauberem Trinkwasser hat sich global verbessert: 2000 hatten rund 60 % der Weltbevölkerung Zugang – heute sind es über 74 %.

- Der Anteil der Haushalte mit **elektrischem Strom** stieg von **71 % (2000)** auf über **90 % (2022)**.

- **Sanitäre Anlagen** erreichen mittlerweile fast **vier Milliarden Menschen mehr** als noch vor zwanzig Jahren.

Das ist kein Zufall. Es ist das Ergebnis globaler Programme – von UNICEF, der WHO, lokalen NGOs und staatlicher Entwicklungszusammenarbeit. Millionen Menschen profitieren davon – ganz ohne Schlagzeile.

Digitalisierung als Entwicklungsmotor

Ein großer Treiber dieses Fortschritts ist die Digitalisierung. Sie schafft Zugang zu Bildung, Informationen, Finanzen, Gesundheit – und öffnet damit neue Räume für soziale Mobilität.

- In **Afrika südlich der Sahara** besitzen heute über **70 % der Erwachsenen** ein Smartphone.

- In **Indien** nutzen über **500 Millionen Menschen** digitale Lernplattformen.

- In Lateinamerika fördern Start-ups ortsunabhängige Weiterbildung per App – oft kostenlos oder stark subventioniert.

Ein besonders faszinierendes Beispiel ist Nigeria: Die Stadt Lagos hat sich in den letzten Jahren zu einem Startup-Hub für ganz Afrika entwickelt. Über 400 Technologieunternehmen sind dort registriert – viele mit dem Ziel, soziale Probleme zu lösen: Zugang zu Krediten, Diagnosetools, sichere Lieferketten, Bildungsplattformen.

Digitalisierung ist nicht mehr nur eine technische Entwicklung. Sie ist ein gesellschaftlicher Hebel – und verändert das Leben von Milliarden Menschen.

Mikrokredite: Kleinstbeträge, große Wirkung

Ein Konzept, das weltweit Erfolg zeigt, sind **Mikrokredite**. Vor allem für Frauen in ländlichen Regionen bieten sie die Chance, sich mit kleinen Beträgen selbstständig zu machen:

- Ein Kredit über 100–300 Dollar reicht oft, um ein Hühnerprojekt zu starten, eine Nähmaschine zu kaufen oder Seifen herzustellen.

- Die Rückzahlquote liegt weltweit bei über 95 % – ein Zeichen dafür, wie hoch Motivation und Verlässlichkeit der Kreditnehmerinnen sind.

- Besonders in **Bangladesch**, **Indien**, **Ghana** und **Kenia** sind Mikrokreditorganisationen ein tragendes Element der Armutsbekämpfung.

Der Clou: Mikrokredite schaffen nicht nur Einkommen – sie stärken das Selbstwertgefühl, fördern sozialen Zusammenhalt und eröffnen neue Perspektiven für ganze Familien.

Frauen als Trägerinnen des Fortschritts

In vielen Regionen der Welt sind es vor allem **Frauen**, die den gesellschaftlichen Wandel vorantreiben:

- Sie gründen Kleinstunternehmen.

- Sie engagieren sich in Bildungsprogrammen.

- Sie übernehmen Verantwortung in Gesundheitsprojekten.

Wo Frauen zur Schule gehen, medizinische Hilfe erhalten und eigenes Einkommen erzielen, verbessert sich fast **immer** auch der Zustand der ganzen Gemeinschaft.

Projekte in **Nepal**, **Äthiopien**, **Guatemala** oder **Myanmar** zeigen das eindrücklich: Bildung + Mikrokredit + medizinische Versorgung für Frauen = massive positive Effekte auf Kindersterblichkeit, Einkommen, Bildungschancen der nächsten Generation.

Empowerment ist keine Phrase. Es ist messbar – und wirksam.

Warum also hören wir davon so selten? Warum glauben viele Menschen, die Welt werde immer schlechter?

Ein Grund liegt in der **medialen Verzerrung**:

- **Krisen sind sichtbar, Fortschritte sind leise.**

- **Schlechte Nachrichten generieren mehr Klicks, Aufmerksamkeit, Verweildauer.**

- Langfristige Trends haben keinen Nachrichtenwert – kurzfristige Katastrophen schon.

Doch wer tiefer schaut, erkennt: Die Welt ist nicht perfekt – aber in Bewegung. Und zwar in vielen Bereichen in die richtige Richtung.

Der renommierte Professor Hans Rosling nannte das in seinem Buch Factfulness den „Instinkt der Negativverzerrung„. Unsere Wahrnehmung hinkt der Realität oft Jahrzehnte hinterher.

Hoffnung ist kein naiver Reflex. Sie ist die **Folge von Erkenntnis**. Und die lautet:

- Armut nimmt ab.

- Bildung nimmt zu.

- Krankheiten werden heilbar.

- Digitalisierung verbindet.

- Engagement wächst.

- Wandel ist möglich.

Natürlich gibt es Rückschläge. Die Pandemie hat Fortschritte gebremst. Der Klimawandel verschärft Ungleichheit. Kriege reißen Regionen zurück.

Aber: Der langfristige Trend bleibt positiv.

Wer einmal lesen kann, bleibt nicht mehr Analphabet. Wer Gesundheitsversorgung erlebt hat, will sie weitergeben. Wer Chancen sieht, denkt anders.

Ein realistischer Blick in die Zukunft

Wenn wir also über gute Nachrichten sprechen, geht es nicht darum, Probleme zu leugnen. Es geht darum, den Blick zu weiten.

Es gibt Fortschritt. Er ist leise. Aber er wirkt.

Er zeigt sich:

- In Solarlautsprechern in Ghana.
- In Wasserreinigern in Peru.
- In Start-ups in Nairobi.
- In Mikrokrediten in Dhaka.
- In digitalen Klassenzimmern in São Paulo.
- In Impfkampagnen in Kigali.
- In Frauen, die sagen: Ich kann das.

All diese Beispiele sind keine Utopien. Sie sind Realität. **Heute. Jetzt. Weltweit.**

Und was bedeutet das für uns?

Vielleicht ist die wichtigste Erkenntnis dieses Kapitels:

Die Welt verbessert sich – nicht von selbst, sondern durch Menschen.
Menschen mit Ideen. Mit Mut. Mit Ausdauer. Mit Herz.

Sie arbeiten im Stillen. Oft unter schwierigen Bedingungen. Aber sie zeigen: Es geht. Veränderung ist möglich. Auch dort, wo man sie am wenigsten erwartet.

Diese Erkenntnis darf uns leiten – gerade, wenn wir selbst wieder an das Gute glauben wollen.

Fazit: Fortschritt ist messbar – wenn man hinschaut

Armut, Krankheiten, Analphabetismus – all diese Herausforderungen sind nicht verschwunden, aber sie sind weltweit auf dem Rückzug. Und das nicht durch Zufall, sondern durch gezielte Maßnahmen, technologische Entwicklungen und menschliches Engagement. Wer tiefer blickt, erkennt: Die Welt wird vielerorts besser – und dieser stille Fortschritt verdient mehr Aufmerksamkeit.

–Kapitel 4: Klima – Zwischen Hoffnung und Handlung

Warum die Energiewende greifbarer ist, als viele glauben

Wenn es ein Thema gibt, das wie kein zweites Ängste, Ohnmacht und Zukunftssorgen bündelt, dann ist es der Klimawandel. Überhitzte Sommer, Waldbrände, Gletscherschmelze, Extremwetter – das alles ist längst keine entfernte Drohkulisse mehr, sondern für viele Menschen Alltag. Und mit jedem neuen Bericht des Weltklimarats scheint sich die düstere Perspektive zu verdichten.

Doch genau hier lohnt sich ein zweiter Blick. Denn parallel zur realen Bedrohung ist in den letzten Jahren etwas Erstaunliches passiert: eine weltweite Bewegung der Gegenkräfte. Technologisch, politisch, wirtschaftlich – ja sogar gesellschaftlich. Während das Klimaproblem wächst, wächst auch das Engagement, es zu lösen. Still, aber mit Wucht. Und oft weitreichender, als die öffentliche Wahrnehmung vermuten lässt.

Dieses Kapitel ist eine Einladung, jenseits von Weltuntergangsszenarien zu erkennen: Die Welt steht nicht still. Sie handelt. Und sie verändert sich schneller, als viele glauben.

Die Energiewende: Von der Vision zur Realität

Wer hätte vor wenigen Jahren gedacht, dass ausgerechnet China zum weltgrößten Investor in erneuerbare Energien wird? Dass in Indien Solaranlagen billiger Strom liefern als neue Kohlekraftwerke? Oder dass Europa seine Abhängigkeit von fossilen Brennstoffen in Rekordzeit abbaut – nicht nur aus Klimagründen, sondern auch aus sicherheitspolitischer Einsicht?

Doch genau das ist passiert.

- Laut Internationaler Energieagentur (IEA) wurden 2023 weltweit über 500 Gigawatt neue erneuerbare Energiequellen installiert – so viel wie nie zuvor.

- **China** allein hat mehr erneuerbare Kapazitäten zugebaut als die USA, Europa und Indien zusammen.

- In Ländern wie Portugal, Dänemark und den Niederlanden liegt der Anteil erneuerbarer Energien bereits bei über 60 % – Tendenz steigend.

Und das nicht aus Idealismus. Sondern, weil es sich rechnet. Sonnen- und Windstrom sind heute in vielen Regionen der Welt die günstigste Form der Energiegewinnung – ohne Subvention.

Technologieoffenheit: Viele Wege führen zum Ziel

Ein Hoffnungsschimmer liegt in der Vielfalt der Lösungsansätze. Der Klimawandel ist ein globales Problem – aber die Antworten darauf sind alles andere als eindimensional.

- Wasserstoff wird zur Speicherlösung und Antriebsalternative – etwa in der Stahl- und Chemiebranche.

- **Geothermie** gewinnt an Bedeutung, besonders in vulkanisch aktiven Regionen wie Island, Kenia oder Indonesien.

- **CO_2-Abscheidung und -Speicherung (CCS)** entwickelt sich für schwer vermeidbare Emissionen weiter.

- **Small Modular Reactors (SMRs)** bieten neue Ansätze für flexible, sichere Kernenergie.

- **Künstliche Intelligenz (KI)** steuert Netze, prognostiziert Energieverbrauch und optimiert Effizienz.

Die Geschwindigkeit, mit der neue Patente, Pilotprojekte und Skalierungen entstehen, ist enorm. Die Zahl der **grünen Patentanmeldungen** hat sich weltweit in zehn Jahren verdoppelt.

Und das Beste daran: Der Markt beginnt, diese Technologien zu tragen. Es ist nicht mehr nur Subvention – es ist ökonomischer Wandel.

Ein oft unterschätzter Hoffnungsträger ist das Kapital selbst. Die Finanzmärkte haben längst erkannt, dass fossile Geschäftsmodelle auslaufen – und dass Nachhaltigkeit wirtschaftlich sinnvoll ist.

- Der weltweite Markt für **Green Bonds** hat sich seit 2015 mehr als verfünffacht.

- Fonds mit **ESG-Kriterien** verzeichnen Rekordzuflüsse.

- **BlackRock**, einer der größten Vermögensverwalter der Welt, bekennt sich klar zu klimafreundlichen Strategien.

- Immer mehr Banken schließen die Finanzierung neuer Kohlekraftwerke aus.

2023 erklärten über 300 der größten institutionellen Investoren weltweit, dass sie klimaschädliche Geschäftsmodelle aktiv meiden – nicht aus Idealismus, sondern aus Risikomanagement.

Der gesellschaftliche Wandel: Vom Protest zur Praxis

Die junge Generation – Fridays for Future, Klimaaktivist:innen, Umweltschützer:innen – hat das Thema mit Nachdruck auf die Tagesordnung gesetzt. Und sie hat damit nicht nur Debatten verändert, sondern auch Verhalten.

- **Nachhaltigkeit** ist für viele junge Menschen heute selbstverständlich: weniger Fleisch, Secondhand-Kleidung, öffentliche Verkehrsmittel, regionaler Konsum.

- **Unternehmen** verändern ihre Lieferketten, setzen auf Kreislaufwirtschaft, entwickeln klimafreundliche Produktlinien.

- **Kommunen** fördern Klimaneutralität, schaffen autofreie Zonen, bauen Radwege, investieren in Solarprojekte.

Der Protest der 2010er Jahre hat sich in vielen Bereichen in konstruktive Gestaltung verwandelt. Nicht nur in urbanen Milieus, sondern zunehmend auch im ländlichen Raum – durch Bürgerenergieprojekte, Agrarwende-Initiativen, nachhaltige Baukultur.

Internationale Kooperation: Es bewegt sich was

Zwar verlaufen Klimakonferenzen oft zäh – doch sie zeigen Wirkung:

- Das **Pariser Abkommen** von 2015 hat einen Maßstab gesetzt.

- Über **130 Staaten** haben sich inzwischen zum Ziel der **Klimaneutralität bis 2050** bekannt.

- Brasilien verstärkt Wiederaufforstungsprogramme, Indonesien stoppt Waldrodungen, die USA investieren mit dem „Inflation Reduction Act„ über 370 Milliarden Dollar in Klimaschutz.

- Selbst **Ölstaaten** wie Saudi-Arabien und die Vereinigten Arabischen Emirate setzen auf grüne Wasserstoffprojekte.

  Natürlich läuft nicht alles reibungslos. Es gibt Rückschritte, Blockaden, Greenwashing. Aber: Die Richtung stimmt. Klimaschutz ist heute geopolitisch, ökonomisch und strategisch relevant – und nicht nur moralischer Appell.

Klimaschutz als Chance – nicht als Zwang

Vielleicht ist die größte Veränderung im Denken: Klimaschutz wird zunehmend **nicht mehr als Verzicht**, sondern als **Einladung zur Gestaltung** verstanden.

- Ein klimaneutrales Gebäude spart Energiekosten.

- Elektromobilität verbessert die Luft in Städten.

- Regionale Kreislaufwirtschaft stärkt Unabhängigkeit und Resilienz.

- Wärmepumpen, Solardächer, Balkonmodule – sie bringen Erzeugung in die Fläche.
- Grüner Strom macht Staaten **energiepolitisch souverän**.

Der Wandel ist spürbar. Er verändert Branchen, Städte, Berufe – und eröffnet neue Chancen. Die Klimakrise wird zum Innovationsmotor.

Die Realität: ernst – aber nicht aussichtslos

Natürlich: Die Herausforderungen bleiben enorm.

- Die globalen Emissionen sind 2023 erneut gestiegen – wenn auch langsamer.
- Die Erderwärmung liegt aktuell bei etwa 1,2 °C – das 1,5 °C-Ziel ist nur mit massiven Anstrengungen zu halten.
- Besonders der globale Süden leidet unter Klimafolgen – oft ohne ausreichende Mittel zur Anpassung.

Aber: Der Wandel hat begonnen. Und er lässt sich beschleunigen.

Die **IEA** geht davon aus, dass die weltweiten Investitionen in erneuerbare Energien 2024 erstmals die in fossile Energien übersteigen. Das ist mehr als ein Symbol. Es ist eine Zäsur.

Der Beitrag jedes Einzelnen

Klimaschutz ist nicht nur Sache von Regierungen. Er beginnt **bei uns allen**:

- beim Einkauf.
- beim Stromanbieter.
- beim Fortbewegungsmittel.
- beim Investment.

- beim Umgang mit Ressourcen.

Niemand kann alles. Aber jeder kann etwas. Und das Bewusstsein dafür wächst – Tag für Tag, Entscheidung für Entscheidung.

Fazit: Zwischen Hoffnung und Handlung

Der Klimawandel ist real. Und er ist gefährlich. Aber er ist nicht unaufhaltbar. Die Menschheit hat begonnen, sich zu wehren – mit Forschung, Technik, Kooperation und Haltung.

Dieses Kapitel soll kein Freibrief zum Zurücklehnen sein. Aber es ist ein **Plädoyer gegen die Resignation**. Denn wer nur das Unheil sieht, wird handlungsunfähig. Wer erkennt, dass bereits viel in Bewegung ist, kann mitgehen, mitgestalten, mitverändern.

Kapitel 5: Gesundheit – Durchbrüche in der Medizin

Wie Forschung und Digitalisierung Menschenleben verändern

Wenn es um Hoffnung geht, gibt es wohl kaum ein Thema, das die Menschen tiefer berührt als Gesundheit. Die Sorge um den eigenen Körper, um Eltern, Kinder, Partner – sie begleitet uns durchs Leben. Und gerade in krisengeprägten Zeiten, in denen täglich von Krankheit, Überlastung und Mangelversorgung die Rede ist, wirkt es fast paradox zu sagen: Die medizinische Welt hat sich verbessert.

Aber genau das ist passiert. Leise, aber kraftvoll.

In den letzten Jahren gab es Fortschritte, die vor Kurzem noch undenkbar schienen. Krankheiten, die jahrzehntelang als unheilbar galten, sind plötzlich behandelbar. Impfstoffe werden in Rekordzeit entwickelt – nicht nur gegen Corona. Künstliche Intelligenz hilft Ärzten bei der Diagnose, digitale Patientenakten vernetzen Systeme, und selbst der OP-Saal wird durch Robotik neu gedacht.

Dieses Kapitel erzählt von dieser stillen Revolution – von realen Entwicklungen, die Mut machen. Und davon, wie Forschung und Digitalisierung gemeinsam dafür sorgen, dass Gesundheit nicht nur ein Versprechen, sondern zunehmend auch Realität wird.

Gentherapie: Hoffnung für genetische Krankheiten

Noch vor wenigen Jahren war Gentherapie ein futuristisches Konzept. Heute ist sie Realität – mit konkreten Anwendungen.

Beispiel **Sichelzellkrankheit**: Diese genetische Bluterkrankung betrifft vor allem Menschen afrikanischer Herkunft. Sie verursacht chronische Schmerzen, Organschäden und eine stark verkürzte Lebenserwartung. Doch 2023 wurde in den USA die erste Gentherapie auf Basis von **CRISPR/Cas9** zugelassen.

Das Verfahren: Patienten erhalten genetisch veränderte eigene Stammzellen, die gesunde rote Blutkörperchen produzieren. In klinischen Studien blieben Betroffene über ein Jahr schmerzfrei – ein historischer Durchbruch.

Auch bei Hämophilie B, der „Bluterkrankheit,„ kam es zu einem Meilenstein: Eine einmalige Gentherapie versetzt den Körper in die Lage, selbstständig den fehlenden Gerinnungsfaktor herzustellen. Die lebenslange Infusionstherapie kann entfallen.

Diese Erfolge sind mehr als medizinische Innovation. Sie bedeuten für viele Menschen: Ein Leben ohne Schmerzen. Ohne Angst. Ohne tägliche Abhängigkeit von Spritzen und Medikamenten.

Die neue Krebsmedizin: Präzise und personalisiert

Die Krebstherapie war lange eine Disziplin des Draufhauens: Chemotherapie, Bestrahlung, große Operationen – verbunden mit schweren Nebenwirkungen und ungewissem Ausgang.

Heute wandelt sich dieses Bild.

Immuntherapien aktivieren das körpereigene Abwehrsystem gegen Tumore. Bei schwarzem Hautkrebs etwa verdoppelt sich durch moderne Kombinationstherapien die Überlebenschance. Auch bei Lungen-, Blasen- und Nierenkrebs zeigen solche Therapien Erfolge.

Noch gezielter sind personalisierte Therapien: Dabei wird der Tumor genetisch analysiert – und mit einem Wirkstoff behandelt, der exakt zu seiner Schwachstelle passt. Solche zielgerichteten Medikamente sind effektiver und schonender.

Ein ganz neuer Ansatz: mRNA-Krebsimpfstoffe. Sie funktionieren wie Baupläne für das Immunsystem. Der Impfstoff bringt dem Körper bei, den Tumor zu erkennen und zu bekämpfen. Erste Studien bei Hautkrebspatienten zeigen: Das Rückfallrisiko sinkt deutlich. Es ist noch kein Standard – aber ein Blick in die Zukunft der Onkologie.

Keine Krankheit steht so sehr für den schleichenden Verlust wie **Alzheimer**. Jahrzehntelang stagnierte die Forschung. Bis jetzt.

2023 wurde mit Lecanemab ein Antikörper zugelassen, der das Fortschreiten der Erkrankung messbar verlangsamt – bei Menschen im Frühstadium um etwa ein Drittel. Andere Wirkstoffe wie Donanemab befinden sich in Zulassung oder späten Studien.

Diese Medikamente heilen nicht. Aber sie geben etwas Wertvolles zurück: **Zeit.** Zeit mit Familie. Mit Gedanken. Mit Sprache. Mit sich selbst.

Parallel entwickelt sich die **Früherkennung** rasant. Neue Bluttests erkennen Alzheimer-Marker Jahre vor den ersten Symptomen. Das eröffnet Chancen für Prävention, Beratung, Lebensplanung. Und verändert damit auch den gesellschaftlichen Umgang mit Demenz.

Impfstoffe – die stille Revolution

Die Corona-Pandemie hat das Impfstoffsystem der Welt revolutioniert. Die mRNA-Technologie, einst experimentell, ist jetzt praxiserprobt – und findet neue Einsatzgebiete.

- 2023 wurden weltweit erstmals RSV-Impfstoffe zugelassen – für Säuglinge und Senioren.
- Gegen **Malaria**, eine der tödlichsten Krankheiten Afrikas, sind seit 2024 zwei wirksame Impfstoffe im Einsatz (*RTS,S* und *R21*).
- Auch Krebsimpfstoffe auf mRNA-Basis werden klinisch getestet – z. B. gegen Bauchspeicheldrüsenkrebs oder Melanome.

Was früher Jahre oder Jahrzehnte dauerte, wird heute in Monaten entwickelt. Nicht aus Leichtsinn – sondern weil Technologie,

Zusammenarbeit und regulatorische Prozesse besser aufeinander abgestimmt sind.

Digitalisierung im Alltag: Telemedizin und smarte Versorgung

Die Digitalisierung hat das Gesundheitswesen erreicht – und verändert es spürbar.

Telemedizin ist kein Randthema mehr. In Deutschland wurden 2019 nur wenige Tausend Videosprechstunden abgerechnet. 2022 waren es über **10 Millionen**. Der Trend hält an.

Besonders in ländlichen Regionen, bei psychischen Erkrankungen oder chronischen Beschwerden bringt Telemedizin Vorteile:

- Keine langen Fahrten.

- Bessere Erreichbarkeit.

- Kontinuierliche Betreuung.

- Entlastung von Notaufnahmen.

Auch internationale Initiativen zeigen, was möglich ist: In Indien ermöglicht die Plattform eSanjeevani Millionen Patientinnen und Patienten ärztliche Beratung per Handy – unterstützt durch lokale Gesundheitsarbeiter.

Künstliche Intelligenz – der digitale Assistent im Klinikalltag

Künstliche Intelligenz (KI) ist ein Hoffnungsträger in Diagnostik und Versorgung. Nicht als Ersatz für Ärztinnen und Ärzte – sondern als Ergänzung.

Beispiele:

- In Schweden erkannte KI bei Brustkrebs-Screenings 30 % mehr Tumore als herkömmliche Verfahren – bei gleichbleibender Fehlerquote.

- In der Augenheilkunde analysiert KI Netzhautbilder und erkennt frühzeitig diabetische Veränderungen.

- In der Radiologie wird KI eingesetzt, um Frakturen, Lungenembolien oder Hirnblutungen auf CT-Scans sekundenschnell zu identifizieren.

Auch Verwaltung und Pflege profitieren: KI optimiert Schichtplanung, unterstützt Medikamentenlogistik, analysiert Laborwerte.

Elektronische Patientenakte – ein vernetzter Gesundheitsraum

Mit der Einführung der **elektronischen Patientenakte (ePA)** kommt auch in Deutschland Bewegung in ein zersplittertes System. Ab 2025 wird jeder gesetzlich Versicherte automatisch eine ePA erhalten.

Das bedeutet:

- Behandlungsdaten auf einen Blick.

- Vermeidung von Doppeluntersuchungen.

- Schnellere Reaktion in Notfällen.

- Bessere Zusammenarbeit zwischen Hausarzt, Klinik, Apotheke.

In skandinavischen Ländern ist das längst Realität. Dort zeigt sich: Transparenz und Datenverfügbarkeit verbessern nicht nur die Versorgung – sie schaffen auch Vertrauen.

Robotik – Hightech im OP-Saal

Chirurgische Robotersysteme wie **da Vinci** unterstützen Operateure mit millimetergenauer Präzision. Das Ergebnis:

- Kleinere Schnitte.

- Weniger Komplikationen.

- Schnellere Heilung.

Gerade bei komplexen Eingriffen – Prostata, Darm, Herz – verbessert die Roboterassistenz die Sicherheit. Die Technik ist inzwischen in Tausenden Kliniken weltweit im Einsatz und wird laufend weiterentwickelt.

Auch einfache Standardoperationen könnten künftig roboterunterstützt durchgeführt werden – unter ärztlicher Aufsicht, aber mit maximaler Genauigkeit.

Globale Gesundheitsprojekte – Fortschritt für Milliarden

Nicht nur in Hightech-Ländern verändert sich das Gesundheitswesen. Auch in Schwellen- und Entwicklungsländern gibt es **stille Erfolgsgeschichten**:

- **Ruanda**: flächendeckende Krankenversicherung, Impfquoten >95 %, digitale Register.
- **Ghana**: mobile Gesundheits-Apps, Ausbildungsprogramme für Hebammen.
- **Bangladesch**: Erfolg gegen Kindersterblichkeit und Mangelernährung durch gezielte Aufklärung.
- **Peru und Nepal**: solarbetriebene Gesundheitsstationen in abgelegenen Regionen.

Diese Fortschritte entstehen oft im Verborgenen – getragen von lokalen Organisationen, internationalen Partnerschaften, engagierten Menschen.

Mentale Gesundheit – endlich im Fokus

Ein Bereich, der lange stigmatisiert war, rückt in den Mittelpunkt: **mentale Gesundheit**.

Immer mehr Unternehmen bieten Coaching, Stressprävention und psychologische Beratung. Krankenkassen finanzieren digitale Programme

41

zur Burnout-Prophylaxe. Apps helfen bei Angst, Schlafproblemen oder Depressionen – ergänzend zur Therapie.

Gerade nach den Pandemiejahren ist klar: **Psyche ist Gesundheit.** Und sie verdient die gleiche Aufmerksamkeit wie der Körper.

Fazit: Gesundheit als Versprechen der Zukunft

Die Medizin verändert sich. Sie wird vernetzter, präziser, zugänglicher. Und menschlicher.

Was früher als unheilbar galt, ist heute behandelbar. Was kompliziert war, wird verständlich. Was weit weg schien, ist erreichbar – weltweit.

Dabei ist nicht jede Entwicklung perfekt. Aber der Trend ist eindeutig: Gesundheit wird nicht weniger – sie wird besser verfügbar. Besser planbar. Besser schützbar.

Und das ist, bei aller Vorsicht, eine der **besten Nachrichten unserer Zeit.**

Kapitel 6: Technologie – Innovation für das Gute

Wie Erfindungsgeist und Digitalisierung unsere Welt lebenswerter machen

Technologie hat viele Gesichter. Für die einen ist sie das Versprechen auf eine bessere Zukunft – für andere eine Quelle von Unsicherheit. Zu schnell, zu komplex, zu mächtig. Und doch lohnt sich ein genauerer Blick. Denn Technologie ist weder gut noch böse. Sie ist ein Werkzeug. Entscheidend ist, was wir damit tun.

In den letzten Jahren hat sich genau das verändert. Weltweit entstehen Lösungen, die nicht nur Märkte revolutionieren – sondern Leben verbessern. Sie lindern Armut, fördern Bildung, retten Menschenleben, bringen sauberes Wasser, Energie und Teilhabe.

Dieses Kapitel ist eine Reise durch diese Entwicklungen. Durch Projekte, Ideen und Systeme, die zeigen: Innovation ist kein Luxus – sondern oft die wirksamste Antwort auf die Herausforderungen unserer Zeit.

Künstliche Intelligenz: Mehr als nur Chatbots

Kaum ein Begriff wurde in den letzten Jahren so kontrovers diskutiert wie Künstliche Intelligenz (KI). Für manche ist sie ein Risikofaktor – für andere die große Hoffnung. Und beides stimmt. Denn KI ist so mächtig, wie wir sie machen.

Aber sie ist auch: ein Werkzeug für das Gute.

- In der Medizin unterstützt KI die Früherkennung von Brustkrebs, Hautveränderungen oder Netzhautschäden – schneller und präziser als der Mensch allein.

- In der Landwirtschaft hilft sie, Wasser, Dünger und Pestizide effizienter einzusetzen – und Erträge zu steigern.

- In der **Klimaforschung** analysiert sie Wetterdaten, prognostiziert Risiken, verbessert Katastrophenschutz.

43

- In der Energieversorgung sorgt sie für stabilere Netze – besonders bei fluktuierenden Quellen wie Wind und Sonne.

Ein Beispiel: In Ruanda hilft eine KI-Anwendung, Tuberkulose per Röntgenbild zu diagnostizieren – auch ohne Radiologen vor Ort. In Indien erkennt KI Anzeichen von Kinderblindheit. In den Niederlanden optimiert sie Pflegepläne in Kliniken – und entlastet so das Personal.

Das zeigt: KI ist mehr als Technologie. Sie ist eine Brücke zwischen Wissen und Wirkung – wenn sie verantwortungsvoll eingesetzt wird.

Bildung per App: Wissen für alle

Digitale Bildung hat das Potenzial, die Welt zu verändern. Und sie tut es bereits.

- Die **Khan Academy** erreicht weltweit Millionen Schüler mit kostenlosem Unterricht.

- In **Afrika** bringt die Plattform **Ubongo** Lerninhalte per Radio, TV und App in abgelegene Dörfer.

- In Indien hat sich Byju's zur größten digitalen Bildungsplattform des Landes entwickelt – mit interaktiven Angeboten für Mathe, Englisch, Programmieren.

Diese Systeme ermöglichen, was früher undenkbar war: **Lernen unabhängig von Ort, Zeit und Einkommen.**

Auch in Europa tut sich viel. Die Pandemie war ein Katalysator für digitale Angebote – in Schulen, Universitäten, Weiterbildung. Menschen mit Behinderung, Eltern kleiner Kinder, Berufstätige – sie alle profitieren von der neuen Flexibilität.

Digitale Bildung bedeutet: **Teilhabe. Chancen. Aufstieg.** Und sie ist ein Werkzeug gegen Ungleichheit.

Kaum ein Bereich zeigt so deutlich, wie sehr Technik Hoffnungsträger sein kann: Die Energiewende ist ein technologisches Projekt – und sie schreitet voran.

- Photovoltaik-Module sind heute mehr als **90 % günstiger** als vor 15 Jahren.

- Windräder liefern in vielen Regionen **günstiger Strom** als Kohle oder Gas.

- **Speicherlösungen**, smarte Netze und dezentrale Anlagen schaffen neue Energie-Infrastrukturen.

Besonders spannend:

- **Agri-PV**: Solaranlagen auf Feldern, die gleichzeitig Schatten spenden und Strom liefern.

- **Floating Windparks**: schwimmende Offshore-Windräder auf hoher See.

- Kleinstkraftwerke für Wohnviertel und Dörfer – lokal, regenerativ, unabhängig.

Ein Start-up in Kenia installiert Solarpaneele auf Dächern und finanziert sie über Mikroraten per Handyzahlung. In Bangladesch erhalten Frauen Schulungen, um Solar-Home-Systeme zu installieren und zu warten – mit doppeltem Effekt: Stromversorgung und Empowerment.

Technologie macht Energie nachhaltig – und demokratisch.

Wasser und Hygiene: Technik, die Leben rettet

Sauberes Wasser ist Lebensgrundlage – und für fast 2 Milliarden Menschen keine Selbstverständlichkeit. Aber auch hier zeigt sich: Innovation wirkt.

- Der schwedische Solvatten-Container nutzt Sonnenstrahlen, um Wasser zu desinfizieren – einfach, mobil, ohne Strom.

- Der LifeStraw ist ein Trinkhalm mit integriertem Filter – 99,9 % der Keime werden entfernt.

- In Peru wurde eine solarbetriebene Entsalzungsanlage entwickelt, die auch in Katastrophengebieten funktioniert.

Im Sanitärbereich entstehen mobile Toilettensysteme mit biologischer Reinigung – etwa die BlueBox in Uganda. Sie benötigt keinen Anschluss, nutzt Solarenergie, reduziert Krankheiten und schützt das Grundwasser.

Wasser, Hygiene, Leben – durch Technik, die jeder versteht.

Inklusion durch Technologie

Lange galten Behinderung und Digitalisierung als Gegensätze. Heute ist das Gegenteil der Fall: Technik ermöglicht Inklusion.

- **Screenreader** für Sehbehinderte.

- **Spracherkennung** für motorisch eingeschränkte Menschen.

- **Augengesteuerte Rollstühle**.

- **Apps zur Gebärdensprach-Übersetzung**.

- **Exoskelette**, die Gelähmten das Gehen ermöglichen.

Konzerne wie Apple, Google und Microsoft haben Barrierefreiheit zur Priorität gemacht. Start-ups entwickeln Lösungen speziell für Menschen mit Einschränkungen – in Bildung, Arbeit, Freizeit.

Das Ergebnis: **Mehr Selbstbestimmung. Mehr Würde. Mehr Teilhabe.**

Mobilität: Sauber, vernetzt, zugänglich

Mobilität verändert sich – durch Technologie, aber auch durch neue Denkweisen.

- E-Mobilität nimmt Fahrt auf – mit Ladeinfrastruktur, Sharing-Services und sinkenden Preisen.

- Städte setzen auf **digitale Verkehrssteuerung**, Echtzeitdaten und vernetzte Plattformen.

- Pilotprojekte mit autonomen Shuttles entstehen – etwa in Hamburg, Helsinki oder Singapur.

Auch jenseits des Autos gibt es Innovation:

- Intelligente **Fahrradverleihsysteme**.

- Apps zur **intermodalen Routenplanung**.

- „Mobility-as-a-Service„-Modelle, die alle Verkehrsträger bündeln.

Mobilität wird flexibler, ökologischer – und gerechter.

3D-Druck: Produktion neu gedacht

Der 3D-Druck revolutioniert nicht nur die Industrie – sondern auch den Alltag:

- In Mexiko werden Häuser in Slums per 3D-Druck gebaut – günstig, robust, erdbebensicher.

- In Jordanien produziert eine NGO Prothesen für Geflüchtete – direkt vor Ort.

- In **Europa** nutzen Handwerksbetriebe 3D-Druck für Ersatzteile, Werkzeuge, Designobjekte.

Besonders spannend: Lebensmittel-3D-Druck, individualisierte Medikamente, Notfallversorgung im Katastrophengebiet.

3D-Druck demokratisiert Herstellung. Produktion wird **lokal, bedarfsgerecht, ressourcenschonend**.

Die Blockchain-Technologie wird oft mit Spekulation und Hype verbunden – dabei steckt viel mehr drin:

- In Sierra Leone wurden Wahlen per Blockchain abgesichert – fälschungssicher, transparent.

- In Indien erhalten Studierende digitale Zeugnisse – unfälschbar, lebenslang abrufbar.

- Das UN World Food Programme nutzt Blockchain, um **Hilfsgelder direkt und kontrolliert** an Bedürftige auszuzahlen.

Zudem entsteht ein Markt für Lieferkettentransparenz – etwa in der Textilbranche oder bei fair gehandeltem Kaffee.

Blockchain kann Vertrauen schaffen – wo sonst Misstrauen herrscht.

Social Start-ups: Innovation mit Wirkung

Besonders erfreulich ist der Aufschwung von sozial ausgerichteten Start-ups. Junge Gründerinnen und Gründer wollen heute nicht nur Geld verdienen – sondern Probleme lösen.

Beispiele:

- **Too Good To Go** rettet Lebensmittel aus Restaurants und Supermärkten.

- ShareTheMeal ermöglicht Spenden per Klick – direkt für Schulmahlzeiten.

- **Refugee First Response Center** bietet mobile Übersetzung und medizinische Versorgung für Geflüchtete.

All diese Projekte vereinen Technik mit Haltung – und zeigen: Unternehmertum kann sozial, kreativ und wirksam sein.

Technologie ist nicht die Lösung aller Probleme. Aber sie ist ein **Teil der Lösung.** Wenn sie menschenzentriert gedacht wird. Wenn sie Zugang schafft statt Barrieren. Wenn sie verbindet statt ersetzt.

Die Beispiele in diesem Kapitel zeigen: Technologischer Fortschritt ist real. Und er dient dem Menschen – in der Stadt wie im Dorf, im globalen Süden wie im Hightech-Labor.

Innovation heißt nicht nur schneller, höher, weiter. Innovation heißt auch: **gerechter, zugänglicher, menschlicher.**

Kapitel 7: Die Börse – Spiegel einer resilienten Weltwirtschaft

Warum Aktienmärkte auch in Krisenzeiten Hoffnung geben können

Wenn man über gute Nachrichten spricht, denken die wenigsten zuerst an die Börse. Zu kalt, zu spekulativ, zu unnahbar erscheint sie vielen. Und doch lohnt sich ein genauer Blick. Denn in einer Welt voller Unsicherheiten ist es gerade die Börse, die uns oft zeigt: Die Wirtschaft lebt, Unternehmen wachsen, Innovation passiert. Der Fortschritt geht weiter.

Das klingt paradox – schließlich herrschen Inflation, geopolitische Spannungen, Zinsschocks. Und doch notieren viele große Aktienindizes auf oder nahe ihrer Allzeithochs. Der DAX, der S&P 500, der Nasdaq – sie alle haben sich schneller erholt, als viele erwartet hatten.

Was steckt dahinter? Und warum kann genau das Mut machen?

Dieses Kapitel erzählt, wie die Börse trotz globaler Krisen Stärke zeigt. Warum das kein Zufall ist. Und warum hinter Kursen mehr steckt als Spekulation – nämlich Ideen, Arbeitsplätze, Lösungen. Die Börse ist kein Casino. Sie ist ein Spiegel. Und manchmal ein Vorbote.

Dauerkrise – und trotzdem Wachstum

Seit 2020 ist die Welt durch eine Kette von Krisen gegangen: Corona, Lieferengpässe, Ukrainekrieg, Energiepreise, Inflation, Zinswende, Klimakrise. Und doch: Die Weltwirtschaft ist nicht zusammengebrochen. Im Gegenteil – sie zeigt erstaunliche Widerstandskraft.

- Die **USA** haben trotz hoher Zinsen und politischer Spaltung ihr Wachstum gehalten.

- Deutschland verzeichnet stabile Beschäftigungszahlen – trotz globalem Druck.

- Selbst **Schwellenländer** wie Indien oder Indonesien wachsen mit über 5 % pro Jahr.

50

- **Afrika** verzeichnet erstmals mehr Start-ups im Energiesektor als in der Rohstoffwirtschaft.

Und: Technologie, Digitalisierung und Automatisierung haben vielen Unternehmen geholfen, flexibler und effizienter zu werden – auch unter schwierigen Bedingungen.

Die Börse als Seismograph der Zuversicht

Die Börse ist kein Ort für den Rückspiegel. Sie blickt voraus. Oft Monate oder Jahre. Schon während der Pandemie, im Sommer 2020, begannen die Märkte zu steigen – lange bevor Impfstoffe verfügbar waren.

2023 und 2024 wiederholte sich das Muster:

- Trotz **Zinsanhebungen** durch die US-Notenbank stieg der S&P 500 über 4.500 Punkte.

- Der **DAX** durchbrach erstmals die Marke von 18.000.

- Der technologielastige Nasdaq legte zweistellig zu – getrieben von KI, Cloud, Automatisierung.

Diese Entwicklung zeigt: Die Börse glaubt an das Morgen. Sie bewertet Chancen. Sie nimmt Trends vorweg. Und sie funktioniert – nicht trotz, sondern wegen der Krise – als Vertrauensbarometer.

Hinter Kursen stehen Ideen, Menschen, Lösungen

Oft wird die Börse auf Zahlen reduziert. Dabei steht hinter jeder Aktie ein reales Unternehmen – mit Mitarbeitenden, Produkten, Innovationen.

- Der DAX versammelt keine Zockerbuden, sondern Weltmarktführer: Siemens, SAP, Allianz, Adidas.

- Der S&P 500 spiegelt die Innovationskraft Amerikas – Apple, Microsoft, Amazon, Tesla.

51

- In Asien prägen Konzerne wie Samsung, TSMC, BYD die Transformation – von Halbleitern bis zur Elektromobilität.

Wer Aktien besitzt, beteiligt sich nicht an Spekulation – sondern an Wertschöpfung. An Fortschritt. An Zukunft.

Aktienbesitz wird demokratischer

Früher war Aktienbesitz ein Elitenprojekt. Heute ändert sich das:

- In Deutschland besitzen über 12 Millionen Menschen Aktien oder Fonds – so viele wie nie.

- Besonders stark wächst die Zahl der **jungen Anleger.**

- ETF-Sparpläne sind zum Volksinvestment geworden: flexibel, transparent, kostengünstig.

- Auch in Ländern wie **Spanien**, **Frankreich** oder **Österreich** steigt die Aktienkultur.

Diese Entwicklung bedeutet: **Finanzielle Teilhabe** wird breiter. Vermögensaufbau wird zugänglicher. Und die Börse wird zum Ort der **Mitgestaltung**, nicht nur der Beobachtung.

Dividenden: Stille Erträge in unruhigen Zeiten

Die große Stärke von Aktien zeigt sich nicht nur im Kurs, sondern in der Ausschüttung:

- 2023 zahlten börsennotierte Unternehmen weltweit über **1,6 Billionen US-Dollar** an Dividenden.

- Allein in Deutschland lag die Dividendenrendite des DAX bei über 3 % – mehr als Tagesgeld oder Sparbuch.

- Besonders stabil: Firmen wie Nestlé, Johnson & Johnson oder Allianz, die seit Jahrzehnten Dividenden zahlen – verlässlich, wachsend.

Dividenden schaffen Einkommen – auch in der Rente, auch für kleine Vermögen. Börse bedeutet Teilhabe am Ertrag der Wirtschaft.

Innovation als Wachstumstreiber

Was treibt die Kurse? Nicht nur Liquidität – sondern Substanz.

- Künstliche Intelligenz: Unternehmen wie Nvidia, AMD oder Microsoft profitieren vom KI-Boom – und investieren Milliarden in neue Infrastruktur.

- GreenTech: Firmen wie Vestas, Ørsted oder Siemens Energy treiben die Energiewende voran – und wachsen dabei.

- **Biotechnologie**: Moderna, BioNTech und kleinere Start-ups entwickeln Therapien gegen Krebs, HIV, Alzheimer.

- Digitalisierung: SAP, Salesforce, Palantir – alle profitieren vom digitalen Wandel in Industrie, Verwaltung, Gesundheit.

Diese Unternehmen lösen reale Probleme – und die Börse finanziert ihre Entwicklung.

Nachhaltigkeit wird zum Wirtschaftsfaktor

Ein fundamentaler Wandel vollzieht sich leise, aber stetig: **Nachhaltigkeit wird investierbar.**

- Über **90 % der institutionellen Investoren** berücksichtigen inzwischen ESG-Kriterien.

- Immer mehr Fonds investieren gezielt in Unternehmen mit Umwelt- und Sozialprofil.

- Die EU verpflichtet große Firmen zu Nachhaltigkeitsberichten – transparent, vergleichbar, kontrolliert.

- Unternehmen mit schlechtem CO_2-Fußabdruck zahlen höhere Zinsen oder verlieren Zugang zu Kapital.

Die Folge: Geld fließt dorthin, wo Verantwortung übernommen wird. Und das verändert die Realwirtschaft – leise, aber nachhaltig.

Finanzbildung: Der Schlüssel zur Selbstbestimmung

Damit mehr Menschen vom Kapitalmarkt profitieren können, braucht es Wissen.

- Schulen beginnen, **Finanzbildung** zu integrieren.
- Start-ups bieten Apps, Kurse, Planspiele für Einsteiger.
- Plattformen wie YouTube, Instagram oder Podcasts erreichen Millionen – niedrigschwellig, alltagsnah.

Finanzbildung ist kein Luxus. Sie ist **Demokratisierung von Teilhabe**. Und sie verhindert, dass Menschen auf Betrug, Hype oder Angst hereinfallen.

Gegen alle Vorurteile: Die Börse kann Hoffnung stiften

Die Börse ist nicht perfekt. Sie übertreibt. Sie schwankt. Sie folgt manchmal irrationalen Bewegungen. Aber sie ist auch:

- Ein Ort der Finanzierung von Ideen.
- Ein Frühindikator für wirtschaftliche Erholung.
- Ein Werkzeug für Vermögensbildung.
- Ein Maßstab für Vertrauen in Zukunft.

Gerade in Krisenzeiten zeigt sich: Sie funktioniert. Und sie funktioniert besser, wenn viele mitmachen – informiert, reflektiert, langfristig.

Die Börse ist nicht nur ein Spielplatz für Reiche. Sie ist ein Spiegel der Weltwirtschaft – mit all ihren Fehlern, aber auch all ihren Möglichkeiten.

Wer sie versteht, erkennt: Hier entstehen Chancen. Hier wird investiert. Hier wird gestaltet. Wirtschaft ist kein Schicksal – sie ist Veränderung.

Und die gute Nachricht ist: **Sie kann in die richtige Richtung gelenkt werden.** Von Menschen, die an Lösungen glauben. Von Anlegern, die Verantwortung übernehmen. Von einer Gesellschaft, die weiß, dass Geld auch Gutes tun kann.

Kapitel 8: Arbeit und Leben im Wandel
Wie Flexibilität, Sinnsuche und neue Modelle den Alltag verändern

Wenn man über gute Nachrichten spricht, denkt man selten an den Job. Arbeit gilt für viele als Pflicht, als Belastung, als das, was das Leben unterbricht. Zu wenig Lohn, zu viel Druck, zu wenig Zeit. Und doch erleben wir gerade eine stille Revolution. Eine, die zeigt: Arbeit verändert sich – und mit ihr das Leben.

Die letzten Jahre haben vieles in Bewegung gesetzt. Die Corona-Pandemie, der digitale Schub, der Fachkräftemangel, die neue Generation auf dem Arbeitsmarkt – all das hat Spuren hinterlassen. Nicht nur in Statistiken, sondern im Denken. In Büros, Betrieben, Familien, Köpfen.

Und auch wenn nicht alles rundläuft, so zeigt sich doch: Es tut sich was. Menschen fordern mehr Selbstbestimmung, Unternehmen reagieren flexibler, und ganze Branchen entdecken neue Modelle. Die gute Nachricht ist: Arbeit wird menschlicher. Und damit auch das Leben.

New Work – mehr als nur Homeoffice

Früher war Arbeit ein Ort. Heute ist sie zunehmend ein Zustand. Die Digitalisierung hat die Präsenzpflicht aufgeweicht. Spätestens seit der Pandemie ist klar: Viele Jobs lassen sich auch remote erledigen – effizient, strukturiert, oft sogar produktiver.

Was früher als Ausnahme galt, ist heute Alltag: Homeoffice, hybrides Arbeiten, flexible Arbeitszeiten. Ganze Teams arbeiten über Zeitzonen hinweg, kommunizieren digital, treffen sich gezielt vor Ort. Das schafft nicht nur neue Freiheiten – es verändert das Verhältnis zur Arbeit grundlegend.

Für viele bedeutet das: mehr Selbstverantwortung, aber auch mehr Gestaltungsspielraum. Der Arztbesuch um 10 Uhr, das Kind abholen um 15 Uhr – all das wird möglich, weil Arbeitszeit nicht mehr starr in Bürozeiten gepresst wird.

Natürlich gilt das nicht für alle Berufe – in der Pflege, Logistik oder Produktion braucht es andere Modelle. Aber auch dort wächst das Bewusstsein für mehr Mitgestaltung und Menschlichkeit.

Wertewandel: Arbeit ist nicht mehr alles

Lange Zeit war Arbeit gleichbedeutend mit Identität. Wer du bist, das war oft: Was du machst. Heute stellen viele junge Menschen diese Gleichung infrage. Für sie zählt nicht nur, dass sie arbeiten – sondern wofür.

Sinn, Nachhaltigkeit, gesellschaftlicher Beitrag – all das spielt bei der Jobwahl eine wachsende Rolle. Der „Purpose„ eines Unternehmens ist wichtiger geworden als das Prestige. Viele verzichten bewusst auf Gehalt, wenn sie dafür einen Job finden, der mit ihren Werten übereinstimmt.

Auch das Verhältnis zur Karriere hat sich verändert. Nicht jeder will mehr die klassische Leiter hoch. Viele suchen bewusst nach Balance – zwischen Familie und Job, zwischen Freizeit und Verantwortung. Sabbaticals, Teilzeit-Modelle, Jobsharing – sie sind kein Zeichen von Schwäche, sondern von Selbstreflexion.

Und: Engagement und Beruf sind keine Gegensätze mehr. Immer mehr Menschen engagieren sich zusätzlich – ehrenamtlich, sozial, digital. Arbeit und Sinn – sie rücken zusammen.

Der Fachkräftemangel als Katalysator

Was zunächst wie eine Krise klingt, ist auch eine Chance: Der Mangel an Fachkräften zwingt Unternehmen zum Umdenken.

Wer gute Leute halten oder gewinnen will, muss heute mehr bieten als ein gutes Gehalt. Es geht um Kultur, um Flexibilität, um Wertschätzung.

Gerade kleine und mittlere Unternehmen reagieren oft schneller als große Konzerne. Sie schaffen flexible Arbeitsplätze, beteiligen Mitarbeitende an

Entscheidungen, fördern Weiterbildung, ermöglichen Homeoffice, zahlen fair – und gewinnen damit nicht nur Personal, sondern auch Loyalität.

Auch Menschen mit Brüchen im Lebenslauf bekommen neue Chancen. Wer sich beruflich verändern will, hat heute bessere Bedingungen. Umschulungen, Weiterbildungen, digitale Lernangebote – sie sind zugänglicher, gefragter, geförderter als je zuvor.

Selbstständigkeit und Side Hustles: Die neue Lust am Gestalten

Eine stille Bewegung hat längst begonnen: Immer mehr Menschen gründen – nicht aus der Not heraus, sondern aus Lust auf Eigenverantwortung.

Digitale Tools machen es einfacher denn je: Eigene Webseiten, Online-Shops, Dienstleistungen über Plattformen – all das lässt sich mit überschaubarem Aufwand realisieren. Ob als Freelancer, Beraterin, Künstler oder Entwickler – die Möglichkeiten wachsen.

Auch der sogenannte „Side Hustle„ – also ein Projekt neben dem Hauptberuf – ist auf dem Vormarsch. Menschen schreiben Bücher, handeln mit Produkten, geben Online-Kurse, bauen Communitys. Oft geht es nicht nur ums Geld, sondern um Erfüllung, Ausdruck, Selbstverwirklichung.

Arbeit wird dadurch pluraler. Man kann mehr als eine Rolle haben. Angestellt sein – und trotzdem kreativ. Freiberuflich arbeiten – und trotzdem sicher. Die Grenzen verschwimmen. Und mit ihnen wächst die Freiheit.

Familie und Beruf – besser vereinbar

Ein großes Thema bleibt die Vereinbarkeit von Familie und Arbeit. Auch hier tut sich viel – vor allem dank Digitalisierung und wachsender gesellschaftlicher Sensibilität.

Dank flexibler Arbeitszeitmodelle und Homeoffice können viele Eltern heute anders arbeiten: früher beginnen, mittags eine Pause für die Kinder, abends noch eine Stunde nachholen. Das entlastet – besonders in der sensiblen Phase nach der Geburt oder beim Schuleintritt.

Immer mehr Väter nehmen Elternzeit – und das nicht nur symbolisch. Arbeitgeber, die familienfreundlich sind, werden gezielt nachgefragt.

Auch der öffentliche Sektor bewegt sich: Kitas mit erweiterten Öffnungszeiten, steuerliche Verbesserungen, mehr Elterngeldflexibilität.

Noch nicht alles ist perfekt. Aber: Die Richtung stimmt. Die Familie ist kein Karrierekiller mehr – sondern ein gleichwertiger Lebensbereich.

Mentale Gesundheit rückt ins Zentrum

In einer Arbeitswelt, die lange auf Leistung fixiert war, wächst nun das Bewusstsein für mentale Gesundheit. Burnout ist kein Tabu mehr. Überforderung kein Zeichen von Schwäche – sondern ein Anlass zum Umdenken.

Unternehmen reagieren:

- mit Coaching-Angeboten,
- Resilienztrainings,
- psychologischer Unterstützung,
- Achtsamkeitskursen.

Führungskräfte werden geschult. Teams entwickeln Rituale, um Stress zu begegnen. Fehlzeiten werden nicht mehr nur verwaltet, sondern präventiv angegangen.

Auch Beschäftigte selbst zeigen ein neues Selbstbild: Wer krank ist, bleibt zu Hause. Wer spürt, dass etwas nicht stimmt, sucht Hilfe.

Das ist neu – und notwendig. Denn nur wer psychisch stabil ist, kann dauerhaft leben, arbeiten, lieben.

Was bleibt, ist die Suche nach Sinn – und nach Verbindung. Viele Menschen wollen nicht nur arbeiten, sondern dazugehören. Sie suchen Teams, in denen man sich kennt. Aufgaben, in denen man etwas bewirkt. Ziele, mit denen man sich identifizieren kann.

Diese Sinnsuche ist kein Luxus. Sie ist ein Bedürfnis. Und sie verändert die Arbeitswelt.

- Unternehmen kommunizieren offener.

- Führung wird menschlicher.

- Hierarchien weichen Vertrauen.

- Feedbackkultur ersetzt Druck.

- Beteiligung ersetzt Anweisung.

Auch Remote-Teams finden Wege zu Gemeinschaft: virtuelle Kaffeepausen, Retreats, digitale Geburtstagsrunden. Denn klar ist: Produktivität braucht Beziehung.

Arbeit im Alter – neue Perspektiven

Der Wandel betrifft nicht nur die Jungen. Auch ältere Menschen wollen oft nicht einfach aufhören. Sie wollen weitergeben, mitwirken, beitragen – in einem anderen Tempo, mit anderen Schwerpunkten.

Teilrentenmodelle, Mentorprogramme, projektbezogene Tätigkeiten – all das wird ausgebaut. Und Unternehmen erkennen zunehmend den Wert der Erfahrung.

Die Generation 60+ bringt nicht nur Know-how, sondern Haltung: Pragmatismus, Verlässlichkeit, Lebenserfahrung. In Zeiten des Fachkräftemangels ist das Gold wert.

Die Arbeitswelt von heute ist nicht frei von Problemen. Es gibt Überforderung, Ungleichheit, Unsicherheit. Aber sie ist auch in Bewegung. Und diese Bewegung geht in eine gute Richtung.

Arbeit wird flexibler, menschlicher, individueller. Menschen gewinnen Gestaltungsspielraum. Unternehmen werden lernfähiger. Lebensmodelle vielfältiger.

Vielleicht ist das die beste Nachricht dieses Kapitels: Arbeit ist nicht mehr nur Last. Sie kann auch Teil von Lebensqualität sein. Ein Ort von Entwicklung. Ein Raum für Sinn. Eine Chance auf Teilhabe.

Und in einer Welt, die sich so schnell verändert, ist das ein Hoffnungsschimmer – Tag für Tag, Schicht für Schicht, Stunde für Stunde.

Kapitel 9: Demokratie lebt – Widerstand gegen Extremismus
Warum Menschen weltweit für Freiheit und Zusammenhalt aufstehen

Es gehört zu den großen Missverständnissen unserer Zeit, dass Demokratie etwas Selbstverständliches sei. Etwas, das einfach da ist, solange man wählen geht. Doch die letzten Jahre haben gezeigt: Demokratie ist kein Zustand – sie ist eine Aufgabe. Eine Haltung. Eine Entscheidung – jeden Tag aufs Neue.

Sie wird angegriffen – von innen wie von außen. Durch Populismus, Desinformation, Extremismus, Gleichgültigkeit. Und trotzdem – oder gerade deshalb – zeigt sich ihre Lebendigkeit. Denn wenn Demokratien unter Druck geraten, stehen Menschen auf. Protestieren. Wählen. Diskutieren. Organisieren sich.

Dieses Kapitel ist eine Sammlung solcher Zeichen. Von mutigen Wählerinnen und Wählern, von Aktivisten, Journalistinnen, Jugendlichen, Richtern, Omas und Enkeln. Sie alle beweisen: Demokratie mag verletzlich sein – aber sie ist längst nicht wehrlos.

Polen – Ein Land dreht sich zurück zur Mitte

Polen galt vielen als Beispiel für den schleichenden Demokratieabbau. Die PiS-Regierung hatte über Jahre hinweg die Justiz geschwächt, die Medien unter Druck gesetzt und europäische Grundwerte missachtet.

Doch im Herbst 2023 kam es zur Wende. Die Parlamentswahl wurde zur Schicksalswahl – und zur demokratischen Überraschung.

- Die Wahlbeteiligung lag bei über 74 % – so hoch wie nie seit dem Ende des Kommunismus.

- Die Oppositionsparteien rund um Donald Tusk gewannen gemeinsam eine Mehrheit.

- Besonders die junge Generation wählte pro-europäisch, progressiv, demokratisch.

Diese Wahl war mehr als ein Regierungswechsel. Sie war ein Symbol dafür, dass Veränderung möglich bleibt – selbst dort, wo Strukturen verhärtet schienen.

Brasilien – Demokratie wehrt sich gegen Desinformation

Auch in Brasilien stand die Demokratie am Abgrund. Der rechtsextreme Präsident Jair Bolsonaro hatte über Jahre Institutionen geschwächt, Gerichte diskreditiert und mit Verschwörungsmythen gespielt.

Als er 2022 die Wahl gegen Lula da Silva verlor, versuchte er, das Ergebnis zu delegitimieren. Am 8. Januar 2023 stürmten Anhänger das Parlament – ein Echo auf den Sturm aufs US-Kapitol.

Doch Brasilien hielt stand:

- Die Gerichte blieben unabhängig.
- Das Militär verweigerte den Gehorsam.
- Die Bevölkerung demonstrierte – für Demokratie, nicht gegen Parteien.
- Verantwortliche wurden juristisch verfolgt – nicht mit Rache, sondern mit Recht.

Ein Land, das als fragil galt, zeigte demokratische Reife. Ein ermutigendes Signal.

Deutschland – Die Mitte meldet sich zurück

In Deutschland erlebte das Jahr 2024 eine neue Dimension politischer Wachsamkeit. Nach Enthüllungen über Remigrationspläne, rechte Netzwerke und rechtsextreme Unterwanderungsversuche wurde sichtbar: Die liberale Demokratie ist nicht unangefochten.

Doch sie ist auch nicht sprachlos.

- In über 200 Städten demonstrierten Menschen – von Hamburg bis Passau, von Görlitz bis Köln.

- Insgesamt gingen laut Veranstaltern **über 4 Millionen Menschen** auf die Straße.

- Nicht gegen – sondern für etwas: Für das Grundgesetz. Für Vielfalt. Für Menschlichkeit.

Diese Proteste waren kein Hype. Sie waren ein Weckruf. Und sie zeigen: Die demokratische Mitte ist lebendig – wenn sie sich bewegt.

Der Iran – Mut trotz Repression

Seit dem Tod von Jina Mahsa Amini im Herbst 2022 erleben wir im Iran eine der mutigsten Protestbewegungen der Gegenwart. Ausgelöst durch das brutale Vorgehen der Sittenpolizei erhob sich ein breiter, weiblich geführter Widerstand gegen das Regime.

Trotz massiver Repression:

- Tausende Frauen legten das Kopftuch ab – öffentlich, sichtbar, riskant.

- Jugendliche trotzten dem Gewaltapparat – in Teheran, in Isfahan, in kurdischen Regionen.

- Exil-Iraner weltweit organisierten Solidarität – laut, kreativ, unermüdlich.

Der Slogan „Frau, Leben, Freiheit‚‚ wurde zum Symbol – weit über den Iran hinaus. Er steht für etwas Universelles: Die Sehnsucht nach Selbstbestimmung. Nach Menschenwürde. Nach Demokratie.

Die USA – Wunden und Widerstand

Die Vereinigten Staaten, einst Leuchtturm der Demokratie, erleben seit Jahren eine Zerreißprobe: Populismus, Polarisierung, Wahlleugnung.

Und doch: Auch hier zeigt sich Widerstand.

- Wahlhelfer verteidigen ihre Arbeit – gegen Einschüchterung.

- Richter urteilen unabhängig – selbst unter Druck.

- Journalisten recherchieren – mit Integrität.

- Bürger registrieren sich massenhaft als Wahlhelfer, informieren ihre Nachbarn, kämpfen für faire Wahlen.

Die Midterms 2022 zeigten: Extreme Kandidaten wurden abgewählt. Die Mitte ist mobilisierbar. Demokratie funktioniert – wenn man sie lebt.

Digitale Zivilgesellschaft – Demokratie im Netz

Demokratie findet heute nicht nur auf Straßen und in Parlamenten statt – sondern auch online. Und auch dort ist sie lebendig.

- Plattformen wie Change.org, Avaaz, Campact sammeln Millionen Unterschriften – für Umwelt, Gerechtigkeit, Freiheit.

- Digitale Bildungsangebote wie „Ich bin wählbar„, politik.digital oder Finanztip für Demokratiebildung erreichen Jugendliche auf TikTok und Instagram.

- Faktencheck-Initiativen entlarven Fake News, Hasskampagnen und Propaganda.

Natürlich gibt es Missbrauch: Filterblasen, Desinformation, Algorithmendruck. Aber es gibt auch digitale Gegenkräfte – kreativ, wach, engagiert.

Die Kraft der Alltäglichkeit

Demokratie verteidigt sich nicht nur mit Demonstrationen: Manchmal geschieht es leise:

- Im Elternabend, wenn über Inklusion gesprochen wird.

- Im Betriebsrat, der Mitbestimmung ernst nimmt.
- In der Kommune, die Bürgerdialoge organisiert.
- In der Schule, die Vielfalt sichtbar macht.

Demokratie lebt in Gesprächen. In Entscheidungen. In der Bereitschaft, zuzuhören. Nicht spektakulär – aber tragfähig.

Die Rolle der Jugend

Junge Menschen werden oft unterschätzt. Zu politikverdrossen, zu uninformiert – so heißt es. Die Realität ist eine andere.

- Bei Fridays for Future demonstrieren weltweit Millionen Schüler – friedlich, organisiert, strategisch.
- Jugendparteien verzeichnen Zuwächse.
- Junge Abgeordnete sitzen in Stadträten, Landtagen, im Bundestag.
- Projekte wie **Democracy Slam**, **Jugend debattiert** oder **OpenPetition** fördern Beteiligung.

Die Jugend ist nicht unpolitisch. Sie ist anders politisch. Vernetzt. Nachhaltig. Wertegetrieben. Und das ist gut so.

Fazit: Demokratie lebt – weil Menschen sie leben

Die Demokratie hat Gegner. Aber sie hat auch Freunde. Und sie hat Kraft.

- Kraft durch Institutionen.
- Kraft durch Rechtsstaatlichkeit.
- Kraft durch Bildung.
- Und vor allem: Kraft durch Menschen.

Die gute Nachricht: Überall auf der Welt gibt es diese Menschen. Sie glauben an Mitbestimmung. An Freiheit. An Verantwortung. Sie handeln – manchmal laut, manchmal leise. Aber immer entschlossen.

Demokratie ist nicht bequem. Aber sie ist es wert. Sie schützt uns – wenn wir sie schützen.

Kapitel 10: Kleine Wunder, große Wirkung
Wie stille Veränderungen das Leben vieler Menschen verbessern

Nicht alle guten Nachrichten erscheinen in der Tagesschau. Manche sind zu leise. Zu lokal. Zu unscheinbar. Keine Breaking News, kein Millionendeal, keine Weltpolitik. Und doch: Sie verändern Leben. Sie bringen Licht in dunkle Ecken. Sie zeigen, dass Fortschritt nicht nur aus Ministerien kommt – sondern auch aus Werkstätten, Klassenzimmern, Nachbarschaften.

Dieses Kapitel ist eine Sammlung solcher kleinen Wunder. Von Erfindungen, Ideen und Begegnungen, die vielleicht nicht weltbewegend wirken – aber für die Menschen vor Ort genau das sind: eine Weltbewegung im Kleinen.

Ein Fahrrad für Bildung – Kenia rollt zur Schule

In vielen Regionen Afrikas ist der Schulweg das erste große Hindernis. Kinder laufen täglich viele Kilometer – oft barfuß, oft hungrig, oft durch gefährliches Gelände. Kein Wunder, dass viele irgendwann aufgeben.

Eine Organisation namens World Bicycle Relief wollte das ändern. Sie entwickelte robuste Fahrräder, angepasst an die ländlichen Bedingungen – stabil, reparierbar, leicht zu fahren.

Seitdem wurden über 600.000 Fahrräder an Schüler verteilt – vor allem an Mädchen, die besonders gefährdet sind, aus dem Schulsystem zu fallen. Die Wirkung?

- Die **Schulbesuchsquote steigt signifikant.**

- Kinder erreichen pünktlich und sicher das Klassenzimmer.

- Wege zu Kliniken und Wasserstellen verkürzen sich.

- Familien sparen Zeit und Energie.

Ein Fahrrad verändert keine Welt – aber oft das Leben eines Kindes.

In vielen Entwicklungsländern sterben Neugeborene nicht an schweren Krankheiten – sondern an Unterkühlung. Brutkästen sind teuer. Strom ist unzuverlässig. Und so sterben Kinder an einem Problem, das lösbar wäre.

Ein indisches Start-up entwickelte den Embrace Warmer – einen Schlafsack für Babys, der mit einem speziellen Gel gefüllt ist und konstant 37 Grad Celsius hält. Kein Strom nötig. Wiederverwendbar. Preis: rund 20 Dollar.

Er wird heute in Kliniken, Notunterkünften und entlegenen Dörfern eingesetzt. Die Kindersterblichkeit sank messbar. Und Mütter berichten: „Zum ersten Mal hatte ich keine Angst, mein Kind nachts schlafen zu legen.„

Sauberes Wasser durch Sonnenlicht – Peru, Uganda, Bangladesch

Wasser ist Leben. Aber in vielen Regionen ist sauberes Wasser Mangelware – mit dramatischen Folgen: Durchfallerkrankungen, Dehydrierung, Anfälligkeit für Infektionen.

Dafür gibt es Lösungen – simpel, aber genial:

- Der Solvatten-Container desinfiziert Wasser mithilfe von UV-Strahlen. Eine schwarze Plastikkanne, gefüllt, in die Sonne gelegt – nach zwei Stunden trinkbar.

- In **Uganda** nutzt ein Projekt Biogas aus Pflanzenabfällen, um Wasser zu erhitzen und zu reinigen.

- In Bangladesch kombinieren Dörfer Regenwasserspeicher mit Sandfiltern – lokal gebaut, wartbar, wirksam.

Wasser, das nicht mehr krank macht – das ist ein tägliches Wunder.

Mikrokredite – wenn Vertrauen der Anfang ist

Die Idee ist einfach: Gib Menschen einen kleinen Kredit – und sie schaffen sich selbst eine Zukunft. Kein Großprojekt, kein Konzern, kein Staatsgeld. Nur Vertrauen.

In Bangladesch, Kenia, Nepal oder Kolumbien leihen Mikrokreditprogramme vor allem Frauen kleine Summen – 50, 100, 200 Dollar. Damit kaufen sie Hühner, Nähmaschinen, Seifenrohstoffe – und starten ein eigenes Mini-Geschäft.

Die Rückzahlquoten? Über **95 %**. Weil Verantwortung motiviert. Weil Selbstwirksamkeit trägt. Und weil Menschen, denen man zutraut, etwas zurückgeben.

Lernen mit Lautsprechern – Ghana macht's hörbar

Wo keine Bücher sind, ist Wissen Mangelware. In Teilen Ghanas fehlt es an Lehrmaterial, Lehrkräften – selbst in Grundschulen.

Ein Projekt entwickelte Solarlautsprecher, auf denen Geschichten in der Muttersprache vorgelesen werden. Die Kinder hören zu, sprechen nach, lernen spielerisch Lesen – gemeinsam, ohne Druck, mit Freude.

Die Lesefähigkeit stieg signifikant. Und vor allem: Die Kinder kommen gerne zur Schule. Die Technologie ist simpel – die Wirkung groß.

Ich höre zu – Berlin, ganz leise

Mitten in Berlin-Kreuzberg sitzt freitags ein älterer Herr auf einer Bank. Neben sich ein Schild: „Ich höre zu.„

Keine Organisation, kein Projekt. Einfach ein Mensch, der Zeit schenkt. Fremde setzen sich. Erzählen. Von Sorgen, von Einsamkeit, von Freude. Zehn Minuten. Eine Stunde. Manchmal länger.

Und danach gehen sie anders nach Hause. Gehört. Gesehen. Getröstet. Ein Mann. Eine Bank. Und doch: eine kleine Revolte gegen das Schweigen in der Stadt.

Kleidung mit Geschichte – Portugal näht aus Erinnerung

Ein Sozialunternehmen in Portugal sammelt alte Kleidung – nicht für den Container, sondern für etwas Neues. Aus Uniformen werden Jacken. Aus Vorhängen Taschen. Aus Mänteln Hosen. Geflüchtete und benachteiligte Menschen nähen, designen, kreieren.

Jedes Kleidungsstück trägt eine Geschichte. Auf einem kleinen Zettel steht: „Ich war früher…,, Und wer sie trägt, trägt mehr als Stoff. Er trägt Wertschätzung. Wandel. Würde.

Strom aus Abfall – Energie aus Bananen

In Uganda fallen täglich Tonnen von Bananenpflanzenresten an – bisher ungenutzt, oft verrottend. Ein Projekt nutzt sie, um Biogas zu erzeugen: zum Kochen, für Licht, zum Laden von Handys.

Die Wirkung?

- Kein teures Kerosin mehr.
- Keine giftigen Dämpfe in der Küche.
- Keine Brandgefahr.
- Mehr Lernzeit für Kinder, mehr Sicherheit für Familien.

Kreislaufwirtschaft ganz praktisch – lokal, bezahlbar, wirksam.

Apps gegen Einsamkeit – digital verbunden

Einsamkeit betrifft nicht nur alte Menschen – auch junge, Zugezogene, Alleinerziehende. Die App „GoFriendly„ bringt Menschen mit gleichen Interessen zusammen: Kochen, Sport, Spaziergänge. Kein Dating, keine Verpflichtung – einfach Anschluss.

Über 250.000 Menschen nutzen die App. Viele berichten: „Ich habe wieder jemanden zum Reden.„ Technik kann verbinden – nicht digital, sondern im echten Leben.

Ein Baum pro Kind – Indien wächst gemeinsam

In einem Distrikt in Indien verpflichtet ein lokales Gesetz Eltern dazu, bei der Geburt eines Kindes **111 Bäume zu pflanzen**. Die Gemeinschaft hilft, kümmert sich, zählt mit.

Das Ergebnis: Über eine Million neue Bäume. Und eine Generation, die aufwächst mit dem Gefühl: Mein Leben bedeutet etwas für die Natur. Mein Baum wächst mit mir.

Der Held von nebenan – die Kraft des Alltags

Nicht alles braucht Organisationen. Oft sind es Menschen wie du und ich:

- Die Nachbarin, die einkauft.
- Der Busfahrer, der zuhört.
- Die Schulsekretärin, die Namen kennt.
- Der Rentner, der Fahrräder repariert.
- Die Jugendliche, die Nachhilfe gibt.

Sie stehen nicht in der Zeitung. Sie kriegen keine Medaille. Aber sie halten das Leben zusammen – mit Herz, Geduld und einem offenen Blick.

Es braucht nicht immer den großen Wurf. Manchmal reicht eine Idee, ein Beutel, ein Baum, ein Wort. Veränderung beginnt oft dort, wo niemand hinschaut – und breitet sich aus.

Dieses Kapitel zeigt: **Gute Nachrichten sind überall.** Sie brauchen nur jemanden, der sie sieht. Der sie teilt. Der weitermacht.

Denn manchmal reicht ein Fahrrad – und ein Kind hat eine Zukunft. Manchmal reicht Zuhören – und ein Mensch fühlt sich wieder wertvoll.

Kapitel 11: Die leise Kraft der Kreativität – Wie Kultur, Kunst und Ideen unsere Welt zusammenhalten

Wenn man von Fortschritt spricht, denkt man oft an Technologie, Medizin oder Wirtschaft. An Zahlen, Innovationen, Investitionen. Aber was fast immer übersehen wird, ist ein Bereich, der uns als Menschen zutiefst prägt – und der gerade in Krisenzeiten eine stille, aber kraftvolle Rolle spielt: Kultur.

Musik, Literatur, Theater, Film, Malerei, Tanz, Design, Architektur – sie alle erzählen Geschichten. Geschichten vom Menschsein. Vom Scheitern. Vom Aufbruch. Vom Überleben. Und vor allem: vom Verbundensein. Kultur ist mehr als Unterhaltung. Sie ist Ausdruck. Spiegel. Trost. Widerstand. Und sie ist eine jener Kräfte, die Gesellschaften in stürmischen Zeiten zusammenhalten – ohne große Schlagzeile, aber mit großer Wirkung.

Kunst als Seismograph der Gesellschaft

In Momenten großer Unsicherheit ist es oft die Kunst, die zuerst reagiert – lange bevor Politik oder Wirtschaft verstehen, was sich verändert. Künstlerinnen und Künstler erspüren, verdichten, reflektieren. Sie machen sichtbar, was noch namenlos ist. Sie geben schon Antworten, wo andere noch Fragen stellen. Und sie schaffen Räume – für Emotion, für Erinnerung, für Widerspruch.

Während der Corona-Pandemie waren es Musiker, die auf Balkonen spielten, Schauspieler, die ihre Bühnen ins Internet verlagerten, Autorinnen, die über Isolation, Nähe und Verlust schrieben. Es waren Comics, die Kindern das Virus erklärten. Theatergruppen, die improvisierten. Museen, die ihre Sammlungen digital zugänglich machten. All das geschah in einer Zeit, in der das öffentliche Leben stillstand – und dennoch zeigte: Kultur lebt. Und sie lebt weiter, selbst wenn der Vorhang fällt.

In Kriegsgebieten sind es oft die Wandbilder, die Hoffnung zeigen. Die Lieder, die verbinden. Die Gedichte, die trösten. In der Ukraine etwa entstanden seit 2022 hunderte Straßenkunstwerke, die Wut und Stolz gleichermaßen ausdrücken. In Syrien dokumentierten Untergrundkünstler das Leiden der Zivilbevölkerung. In Afghanistan verbreiten Exilpoetinnen ihre Texte über Social Media – heimlich, aber wirkungsvoll. Kultur kennt keinen Lockdown. Keine Ausgangssperre. Kein Verstummen.

Bildung beginnt mit Geschichten

Kultur ist auch Bildung – oft lange bevor formale Schulbildung beginnt. Kinder, die vorgelesen bekommen, entwickeln ein größeres Vokabular, mehr Empathie, ein besseres Sprachgefühl. Geschichten helfen ihnen, die Welt zu verstehen – in Bildern, in Emotionen, in Sinnzusammenhängen.

In vielen Ländern mit instabilen Bildungsstrukturen ersetzen Kulturprojekte fehlende Schulstunden. In Südafrika etwa reisen mobile Theatergruppen durch Townships und führen Stücke über HIV-Prävention auf – mit großem Erfolg. In Flüchtlingslagern im Libanon gibt es Puppentheater, die Kindern helfen, ihre Traumata zu verarbeiten. Und in Europa zeigen Integrationsprojekte, wie gemeinsames Singen, Malen oder Erzählen Brücken schlagen kann – über Sprachen, Religionen und Herkunft hinweg.

Auch digitale Plattformen haben Kulturbildung demokratisiert. Podcasts über Philosophie, YouTube-Kanäle über klassische Musik, Graphic Novels über Geschichte – sie alle erreichen Menschen, die sonst kaum Zugang zu kultureller Bildung hätten. Der Effekt? Bildung wird zugänglich. Niedrigschwellig. Inspirierend.

Kultur vermittelt nicht nur Wissen – sie verankert es in Emotionen. Und das ist der Schlüssel: Was emotional berührt, bleibt haften. Es prägt Denken und Handeln weit über das Gelesene oder Gehörte hinaus.

Kultur als Verteidigung der Demokratie

Wenn die Demokratie angegriffen wird, sind es oft Künstlerinnen, Musiker, Schriftsteller, die als Erste reagieren. Denn Kunst ist per se ein Raum der Freiheit – sie lebt vom Zweifel, vom offenen Wort, von der Vielstimmigkeit. In autoritären Systemen ist sie deshalb immer auch eine Bedrohung für die Macht.

In Belarus waren es Musiker, die bei Protesten spielten – bis ihnen die Instrumente abgenommen wurden. In Russland werden Schriftsteller zensiert, Ausstellungen verboten, Theater unter Druck gesetzt. Und in vielen Teilen der Welt steht die freie Kultur unter Spardruck oder ideologischem Verdacht.

Doch gerade hier zeigt sich ihre Bedeutung: Kultur ist mehr als Dekoration. Sie ist politisch, weil sie das Private sichtbar macht. Sie ist subversiv, weil sie andere Bilder entwirft. Und sie ist demokratisch, weil sie Beteiligung ermöglicht – als Publikum, als Interpret, als Schaffende.

Projekte wie das Berliner „House of One,„ in dem Juden, Christen und Muslime gemeinsam bauen, sind mehr als Architektur. Sie sind Kultur als Friedensarbeit. Oder der „Democracy Slam,„ in deutschen Schulen, wo Jugendliche eigene Texte zur Freiheit schreiben – laut, klug, unbequem. Kultur bringt Demokratie zum Klingen.

Und sie tut noch etwas: Sie schafft Gespräch. Gerade in polarisierten Zeiten, in denen viele nur noch mit Gleichgesinnten reden, kann ein Gedicht, ein Lied, ein Film neue Räume öffnen. Kultur diskutiert nicht in Talkshows – sie wirkt tiefer.

Gemeinschaft durch Gestaltung – Kultur als sozialer Kitt

In einer Welt, die sich immer schneller verändert, in der alte Gewissheiten bröckeln und neue Identitäten entstehen, brauchen Menschen etwas, das verbindet. Etwas, das über das Funktionale hinausgeht. Genau hier wirkt Kultur.

Ob es der Chor im Stadtteil ist, die Theatergruppe im Jugendzentrum oder die Schreibwerkstatt in der JVA – Kulturprojekte schaffen Zugehörigkeit. Menschen erleben: Ich kann etwas ausdrücken. Ich werde gehört. Ich bin nicht allein.

Das gilt besonders für vulnerable Gruppen. In Portugal nähen Geflüchtete aus alter Kleidung neue Designerstücke – jedes Stück erzählt eine Geschichte. In Peru malen Kinder ihre Flucht auf Leinwände. In deutschen Pflegeheimen bringt Tanztheater Lebensfreude zurück in den Alltag.

Diese Projekte machen nicht reich. Aber sie machen reich an Erfahrung, an Würde, an Verbindung. Und sie zeigen: Teilhabe beginnt nicht mit Geld – sondern mit einem Ort, an dem man sich einbringen darf.

Gerade in der Sozialarbeit wird Kultur zunehmend als Ressource erkannt. Nicht als nettes Extra, sondern als Brücke. Kultur spricht, wo Sprache fehlt. Sie heilt, wo Medizin endet. Sie verbindet, wo Bürokratie trennt. Und sie schenkt – das vielleicht Wichtigste – das Gefühl, etwas gestalten zu können.

Kreative Ökonomie – Ideen, die tragen

Was oft übersehen wird: Kultur ist nicht nur Ausdruck – sie ist auch Wirtschaft. Die sogenannte Kreativwirtschaft gehört in vielen Ländern zu den wachstumsstärksten Branchen. Design, Mode, Film, Musik, Games, Architektur, Literatur – sie alle schaffen Arbeitsplätze, Wertschöpfung, Export.

In der EU arbeiten über 7 Millionen Menschen im Kultur- und Kreativsektor – mehr als in der Automobilindustrie. Weltweit erzielt dieser Bereich laut UNESCO über 2.500 Milliarden US-Dollar Umsatz pro Jahr. Und das mit vergleichsweise geringen CO_2-Emissionen und hoher Innovationskraft.

Ein Beispiel: Die Games-Branche hat sich vom Nischenmarkt zum Leitmedium entwickelt – mit pädagogischen, therapeutischen, kulturellen Anwendungen. Serious Games helfen heute bei der Rehabilitation, bei der Integration Geflüchteter, bei der Umweltbildung.

Auch in strukturschwachen Regionen entstehen durch Kultur neue Perspektiven. Ein leerstehendes Kino wird zum Kulturzentrum. Eine alte Scheune zur Bühne. Ein Festival zieht Gäste an, schafft Jobs, gibt Stolz. Kultur bringt nicht nur Menschen zusammen – sie bringt Regionen in Bewegung.

Und sie inspiriert andere Branchen. Design Thinking, Storytelling, Innovationsmethoden – all das kommt aus der Kultur. Wer heute Unternehmen transformieren will, braucht kreative Köpfe. Sie denken anders. Querdenkend im besten Sinn. Visionär. Verbindend.

Fazit: Kultur ist kein Luxus – sie ist Überlebenskunst

In einer Welt voller Unsicherheit, Spaltung und Tempo schenkt Kultur etwas Seltenes: Tiefe. Verbindung. Bedeutung.

Sie kann trösten, erinnern, kritisieren, ermutigen. Sie ist da, wo Systeme versagen. Wo Worte fehlen. Wo Hoffnung gebraucht wird.

Und vielleicht ist genau das die beste Nachricht: Die leise Kraft der Kreativität wirkt – jeden Tag, überall, oft unbemerkt. Aber sie wirkt. Und sie ist nicht erschöpfbar. Im Gegenteil: Je mehr Menschen gestalten, desto größer wird sie.

Kultur hält uns nicht nur zusammen. Sie zeigt uns, was möglich ist.

Kapitel 12: Wissenschaft und Raumfahrt – Der Blick in die Zukunft beginnt heute

Wenn man von Fortschritt spricht, fällt das Wort „Wissenschaft,, oft nur am Rande – als eine Art Hintergrundrauschen für Technologie, Medizin oder Klima. Dabei ist Wissenschaft mehr als ein Werkzeugkasten. Sie ist eine Haltung. Eine Methode. Ein Versprechen. Und gerade in einer Zeit, in der vermeintliche Wahrheiten immer lauter werden, ist sie unser wichtigstes Gegengewicht: faktenbasiert, offen, kritisch, zweifelnd – und doch voller Hoffnung.

Denn Wissenschaft zeigt uns nicht nur, wie die Welt ist. Sie zeigt auch, was sie sein könnte. Sie macht sichtbar, was noch im Verborgenen liegt. Und sie öffnet Räume, die wir längst vergessen zu haben glaubten: den Blick nach vorn. Die Neugier. Das Staunen. Das Fragen.

Der Zweifel als Fortschrittsmotor

Wissenschaft beginnt nicht mit Gewissheit, sondern mit einem Fragezeichen. Warum fällt ein Apfel vom Baum? Warum blinken Sterne? Warum heilt ein Kraut, und ein anderes nicht? Es sind genau diese Fragen, die Menschen seit Jahrtausenden vorantreiben. Nicht aus Profitinteresse, nicht aus Machtgier – sondern aus einem inneren Antrieb: zu verstehen.

Diese Haltung ist heute wichtiger denn je. Denn in einer Welt voller Schlagzeilen, Meinungen und Emotionen brauchen wir Orte, an denen nicht Überzeugung zählt, sondern Überprüfung. Wo nicht Lautstärke gewinnt, sondern Logik. Wo Irrtum kein Scheitern ist, sondern Teil des Weges.

Die Corona-Pandemie hat das exemplarisch gezeigt: Wissenschaft war kein Orakel, sondern ein Prozess. Hypothesen wurden geprüft, verworfen, verbessert. Impfstoffe wurden in Rekordzeit entwickelt – nicht weil man Abkürzungen nahm, sondern weil jahrzehntelange Grundlagenforschung plötzlich relevant wurde.

Gerade diese Demut vor der Komplexität macht Wissenschaft so glaubwürdig. Sie ist das Gegenteil von Dogma – und damit ein Modell für eine Gesellschaft, die lernfähig bleiben will.

Durchbrüche, die Hoffnung machen

Auch wenn es oft still geschieht – die Wissenschaft hat in den letzten Jahren Erstaunliches geleistet. Nicht nur bei Corona, sondern in vielen Feldern, die unser Leben künftig prägen werden.

In der Krebsforschung etwa entstehen neue Therapieformen, die gezielter, schonender und wirksamer sind als je zuvor. Molekularbiologen entschlüsseln genetische Schwachstellen von Tumoren – und entwickeln Medikamente, die exakt dort ansetzen. Dank Künstlicher Intelligenz können tausende Substanzen in kürzester Zeit simuliert werden. Das beschleunigt die Entwicklung von Heilmitteln dramatisch.

In der Alzheimer-Forschung wurden Wirkstoffe entwickelt, die den geistigen Verfall im Frühstadium bremsen. Noch vor wenigen Jahren galt das als unmöglich. Heute spricht man von "Zeitgewinn", von "Fenstern der Klarheit", von neuen Optionen für Millionen Menschen und ihre Angehörigen.

Oder nehmen wir die grüne Chemie: Neue Verfahren ermöglichen es, Kunststoffe aus Pflanzenresten herzustellen, CO_2 aus der Luft zu filtern, energieintensive Prozesse durch Enzyme zu ersetzen. All das reduziert Emissionen – nicht in ferner Zukunft, sondern in Fabriken, die bereits heute umgerüstet werden.

Auch die Quantentechnologie entwickelt sich rasant: Quantencomputer sind keine Science-Fiction mehr. Sie könnten künftig komplexe Probleme lösen, die klassische Rechner überfordern – etwa in der Materialforschung, der Medikamentenentwicklung oder der Klimamodellierung.

Und mitten in all dem: Forschende, Laborteams, interdisziplinäre Netzwerke, die – oft im Schatten der Öffentlichkeit – Tag für Tag daran arbeiten, die Welt ein Stück besser zu machen. Sie twittern nicht. Sie demonstrieren nicht. Aber sie handeln – mit Verstand, mit Sorgfalt, mit Weitblick.

Raumfahrt – Das große Fragen bleibt

Kaum ein Feld vereint so viele Gegensätze wie die Raumfahrt: Gigantischer technischer Aufwand trifft auf kindliches Staunen. Strategische Interessen treffen auf globale Zusammenarbeit. Und dennoch ist sie seit jeher ein Spiegel unserer Ambitionen – und unserer Möglichkeiten.

Das James-Webb-Weltraumteleskop etwa hat unser Bild vom Universum revolutioniert. Milliarden Jahre altes Licht, das uns erreicht, zeigt: Wir blicken nicht nur in den Himmel – wir blicken zurück in die Entstehung von Galaxien, Sternen, Planeten. Fragen, die einst Philosophen beschäftigten, werden nun mit Daten gefüttert – und mit Demut beantwortet.

Die Artemis-Mission der NASA, die Menschen zurück zum Mond bringen soll, ist weit mehr als ein Prestigeprojekt. Sie dient als Testfeld für langfristige Präsenz im All – mit Blick auf den Mars, auf neue Rohstoffquellen, auf internationale Zusammenarbeit. Europa, Kanada, Japan – alle sind beteiligt. Raumfahrt wird multilateral.

Und auch privat passiert Erstaunliches: Unternehmen wie SpaceX, Blue Origin oder Rocket Lab senken nicht nur Kosten – sie demokratisieren den Zugang zum Orbit. Kleine Nationen schicken eigene Satelliten ins All. Start-ups entwickeln Mini-Teleskope, Satelliten zur Erderwärmungsmessung oder Frühwarnsysteme für Naturkatastrophen.

Doch Raumfahrt ist nicht nur Technik. Sie ist auch Inspiration. Sie zeigt uns, wie klein wir sind – und wie groß unsere Verantwortung. Astronauten berichten oft vom "Overview Effect": Der Blick auf die Erde aus dem All verändert sie. Plötzlich ist da keine Grenze mehr, keine Nation, kein Krieg. Nur ein blauer Planet – verletzlich, wunderschön, einzigartig.

Diese Perspektive brauchen wir – nicht als Flucht nach außen, sondern als Mahnung nach innen: Unsere Welt ist es wert, geschützt, verstanden, gestaltet zu werden.

In einer Welt, die sich oft über Spaltung definiert – Ost gegen West, Nord gegen Süd, Arm gegen Reich – ist Wissenschaft einer der wenigen Räume, in denen Zusammenarbeit nicht die Ausnahme, sondern die Regel ist. Forschende aus Indien arbeiten mit Kolleginnen aus den USA an Impfstoffen. Ein Projekt in Frankreich wird von ägyptischen Ingenieuren mitentwickelt. Ein Labor in Kenia testet gemeinsam mit schwedischen Universitäten neue Wasserfilter. Die Sprache? Wissenschaft.

Ein eindrucksvolles Beispiel ist das Human Cell Atlas-Projekt. Es vereint weltweit mehr als 2.000 Wissenschaftlerinnen und Wissenschaftler mit dem Ziel, jede einzelne Zelle des menschlichen Körpers zu katalogisieren – als Grundlage für neue Therapien. Nationalitäten spielen dabei keine Rolle. Nur Daten. Und Neugier.

Auch das CERN, das größte Teilchenforschungszentrum der Welt bei Genf, ist ein Friedensprojekt in Reinform. Hier arbeiten Nationen zusammen, die sich politisch kaum in die Augen schauen: Iran, Israel, Russland, die USA, europäische Länder, asiatische Staaten. Gemeinsam erforschen sie den Ursprung der Materie – und finden einen Umgang miteinander, der im diplomatischen Alltag selten gelingt.

Diese globale Verflechtung ist nicht nur schön – sie ist notwendig. Denn viele Herausforderungen lassen sich nur international lösen: Pandemien, Klimawandel, Energiefragen, Ernährungssicherheit. Je besser die Forschung vernetzt ist, desto größer die Chance, globale Antworten zu finden.

Und sie zeigt uns etwas anderes: Es geht. Menschen können gemeinsam denken, forschen, hoffen – jenseits von Ego, Grenze und Ideologie.

Wissenschaft als Hoffnungskraft

Wissenschaft verändert nicht nur Labore – sie verändert Gesellschaften. Wenn Bildung und Forschung ernst genommen werden, entsteht mehr als Fortschritt: Es entsteht Teilhabe.

In Ländern wie Südkorea oder Vietnam wurde gezielt in Wissenschaft und Bildung investiert – mit dem Ergebnis: Millionen Menschen konnten sich aus Armut befreien, weil Wissen zur Ressource wurde. Universitäten wurden gestärkt, Forschungsinstitute gegründet, Stipendien vergeben. Der Weg in die Zukunft wurde geöffnet – nicht durch Ideologie, sondern durch Investition in Köpfe.

Auch die sogenannte „Citizen Science„, also Bürgerforschung, zeigt, wie Wissenschaft demokratisiert werden kann. Menschen messen Feinstaub mit eigenen Sensoren, beobachten Vögel, sammeln Daten für Klimastudien, testen Medikamente in Online-Tagebüchern. Die Grenze zwischen Forschenden und Gesellschaft verschwimmt – zum Vorteil aller.

Und nicht zuletzt: Wissenschaft klärt auf. Sie hilft, zwischen Meinung und Fakt zu unterscheiden. Zwischen Gefühl und Evidenz. Sie ist ein Bollwerk gegen Desinformation, Verschwörungsmythen und wissenschaftsfeindliche Strömungen. Nicht mit Lautstärke – sondern mit Geduld, Transparenz und Reproduzierbarkeit.

Gerade in einer Zeit, in der „gefühlte Wahrheiten„ oft lauter sind als belegbare Fakten, brauchen wir wieder mehr Vertrauen in das, was überprüfbar ist. In das, was sich begründen lässt. Und in das, was – auch wenn es nicht perfekt ist – dennoch besser ist als jedes Bauchgefühl: systematisch gewonnene Erkenntnis.

Fazit: Wissenschaft ist Hoffnung auf Zukunft

Wissenschaft ist keine Gewissheit – aber sie ist unser bester Kompass in unsicheren Zeiten. Ihre Stärke liegt im Zweifel, im Testen, im gemeinsamen Suchen. Sie öffnet nicht nur Labore, sondern auch Möglichkeiten. Und sie zeigt: Fortschritt beginnt mit Fragen – und führt zu Antworten, die unser Leben verbessern können. Wer in Wissenschaft investiert, investiert in Menschlichkeit.

Kapitel 13: Natur in Bewegung – Wie Tier- und Umweltschutz Hoffnung machen

Es gibt wenige Themen, die Menschen so tief berühren wie die Natur. Der Anblick eines wilden Tieres, das Gefühl von Waldboden unter den Füßen, das Rauschen des Meeres – all das erinnert uns daran, dass wir Teil eines größeren Ganzen sind. Und vielleicht ist es genau deshalb so schmerzhaft, wenn wir erleben, wie diese Natur leidet: Artensterben, Umweltzerstörung, Lebensraumverlust. Die Nachrichten sind voll davon.

Doch auch hier lohnt sich ein zweiter Blick. Denn so sehr die Bedrohung real ist – ebenso real sind die Erfolge im Kampf für Tiere, Wälder, Flüsse und Artenvielfalt. Sie geschehen nicht über Nacht. Aber sie geschehen. Und sie zeigen: Schutz wirkt. Natur kann sich erholen. Und manchmal kehrt sogar zurück, was wir längst verloren glaubten.

Dieses Kapitel erzählt von solchen Geschichten – von Nashörnern, die wieder durch Savannen ziehen. Von Wäldern, die zurückkehren. Von Projekten, die Hoffnung machen, weil sie zeigen: Der Mensch kann zerstören – aber auch wieder aufbauen.

Wenn Arten zurückkehren – Erfolgsgeschichten des Artenschutzes

Noch vor wenigen Jahrzehnten galt der Luchs in Mitteleuropa als ausgestorben. Heute streift er wieder durch deutsche Mittelgebirge, durch französische Wälder, durch tschechische Nationalparks. Dank koordinierter Schutzprogramme, Wiederansiedlungsprojekten und strengem Jagdverbot hat sich die scheue Raubkatze ihren Lebensraum zurückerobert – leise, aber eindrucksvoll.

Ähnlich beim Biber: Nach seiner fast vollständigen Ausrottung kehrt er inzwischen flächendeckend nach Europa zurück. Allein in Deutschland leben heute über 40.000 Tiere. Und mit ihnen kommt mehr als eine Art: Biber stauen Bäche, schaffen neue Feuchtgebiete, fördern die Artenvielfalt. Sie sind regelrechte Ökosystem-Ingenieure.

Und dann: die Rückkehr der Wölfe. Lange gefürchtet, oft dämonisiert, hat sich der Wolf in vielen europäischen Ländern aus eigener Kraft wieder ausgebreitet – ein Symbol für Wildnis, für Widerstandskraft, für die Fähigkeit der Natur, sich zu regenerieren, wenn man sie lässt.

Auch weltweit gibt es beeindruckende Beispiele:

- Die Bestände der Berggorillas in Ruanda, Uganda und der Demokratischen Republik Kongo steigen wieder – obwohl sie Jahrzehnte als fast verloren galten.

- In Nepal hat sich die Zahl der Königstiger innerhalb von zehn Jahren verdoppelt – dank konsequenter Überwachung, lokaler Einbindung und intelligenter Raumplanung.

- In Mexiko hat sich das Überwinterungsgebiet der Monarchfalter wieder erholt, weil Bauern statt Abholzung auf nachhaltige Waldwirtschaft umgestiegen sind.

Diese Erfolge zeigen: Artenschutz ist möglich. Er braucht Geduld, Engagement, politisches Rückgrat – aber er lohnt sich. Für Tiere. Für Menschen. Für kommende Generationen.

Wenn Landschaften heilen – die stille Kraft der Renaturierung

Nicht nur Tiere kehren zurück – auch ganze Ökosysteme erholen sich, wenn man ihnen Raum lässt. In Europa erlebt die Natur seit einigen Jahren eine stille Renaissance: stillgelegte Truppenübungsplätze werden zu Rückzugsorten für seltene Arten, ehemalige Kohlegruben verwandeln sich in Biotope, versiegelte Flächen weichen wieder wilden Flüssen.

Ein eindrucksvolles Beispiel ist das Donaudelta. Jahrzehntelang war es durch Landwirtschaft, Begradigungen und Schadstoffeintrag bedroht. Heute gilt es – dank internationaler Schutzabkommen und gezielter Renaturierung – wieder als eines der artenreichsten Feuchtgebiete Europas. Pelikane, Fischotter und mehr als 300 Vogelarten haben hier ein Zuhause gefunden.

In den Niederlanden wurde das Projekt „Room for the River‚‚ gestartet: Statt Flüsse weiter einzuengen, wurden Deiche zurückverlegt,

Auenlandschaften wiederbelebt – mit dem Effekt, dass der Hochwasserschutz verbessert wurde und gleichzeitig eine neue Wildnis entstand, in der Biber, Eisvögel und Wildpferde leben.

In Afrika entsteht mit der „Great Green Wall„ ein gigantisches Renaturierungsprojekt: Entlang des südlichen Saums der Sahara sollen 8.000 Kilometer Bäume, Sträucher und Lebensräume entstehen – als Bollwerk gegen Wüstenbildung, als Hoffnung für Millionen Menschen. Mehr als 18 Millionen Hektar wurden bereits bepflanzt. Es geht nicht nur um Umwelt – es geht um Ernährung, Wasser, Stabilität.

Diese Projekte zeigen: Natur ist keine Kulisse. Sie ist System, Schutz, Ressource – und ein Partner, wenn wir ihr die Chance geben.

Menschen und Natur – Wenn Schutz gemeinsam gelingt

Oft wird der Mensch als Gegner der Natur dargestellt. Doch vielerorts zeigt sich: Er kann auch ihr Verbündeter sein. Und oft sind es gerade die lokalen Gemeinschaften, die den besten Schutz leisten – weil sie ihre Landschaft kennen, mit ihr leben, von ihr abhängig sind.

In Kanada etwa verwalten indigene Gruppen riesige Schutzgebiete nach traditionellen Prinzipien – ergänzt durch moderne Technik wie Satellitenüberwachung und Biodiversitätsdatenbanken. Der „Great Bear Rainforest„ ist ein Beispiel dafür: ein Urwald so groß wie Österreich, geschützt durch ein Bündnis aus indigenen First Nations, der Regierung und Umweltorganisationen.

Auch in Afrika, Asien und Südamerika zeigt sich: Wenn Dorfgemeinschaften einbezogen werden, statt verdrängt, steigt der Erfolg von Naturschutzprojekten signifikant. Frauen verwalten Baumschulen, Jugendliche überwachen Wildkameras, Älteste geben traditionelles Wissen weiter. Der Schutz wird zur Aufgabe aller – und zur Quelle von Stolz.

In Deutschland wächst das Interesse an sogenannten „Bürgerwäldern„ „Essbaren Städten„ und kommunalen Renaturierungsprojekten. Menschen pflegen Blühwiesen, legen Insektenhotels an, kartieren Amphibien. Oft ist es keine große Organisation, sondern eine Handvoll Engagierter, die etwas verändert – im Kleinen, aber nachhaltig.

Was alle diese Initiativen verbindet: Sie sehen Natur nicht als etwas Externes, sondern als Teil des Lebens. Sie handeln nicht aus Angst, sondern aus Verantwortung. Und sie zeigen: Naturschutz ist keine Einbahnstraße. Er kann Arbeit schaffen, Identität stiften, Lebensqualität erhöhen.

Natur als Ressource für die Seele

In einer Welt, die immer schneller, digitaler, verdichteter wird, wächst das Bedürfnis nach einem Gegenpol – nach Stille, nach Weite, nach Echtheit. Und genau das bietet uns die Natur. Nicht als romantischer Fluchtort, sondern als realer Raum der Regeneration.

Studien zeigen: Schon wenige Minuten im Grünen senken den Puls, verbessern die Konzentration, reduzieren Stress. Spaziergänge im Wald lindern depressive Symptome. Kinder, die regelmäßig draußen spielen, entwickeln ein stärkeres Immunsystem – und mehr Fantasie.

In Japan ist „Waldbaden„ längst Teil der Gesundheitsvorsorge. In Großbritannien verschreiben Hausärzte „Green Prescriptions„ – also Zeit in der Natur. In skandinavischen Ländern gehören Naturerfahrungen zur frühkindlichen Erziehung wie Lesen und Rechnen. Der Grund: Die Verbindung zum Lebendigen heilt – körperlich und seelisch.

Auch Bildung profitiert. Umweltpädagogik ist kein Randthema mehr, sondern ein wachsender Zweig: Schulbauernhöfe, Naturtage, Klimaschulen. Kinder lernen, wie Nahrung wächst, wie Ökosysteme funktionieren, wie Arten zusammenhängen. Und mit dem Wissen kommt oft etwas noch Wertvolleres: Empathie. Für Tiere. Für Pflanzen. Für das eigene Handeln.

Denn wer einmal erlebt hat, wie eine Eule in der Dämmerung ruft, wie eine Libelle auf der Wasseroberfläche tanzt, wie ein alter Baum Schatten spendet – der sieht die Welt mit anderen Augen.

Es ist leicht, angesichts der ökologischen Herausforderungen zu verzweifeln. Aber es ist ebenso leicht, die Erfolge zu übersehen. Überall auf der Welt zeigt sich: Wenn wir Raum geben, kehrt Leben zurück. Wenn wir schützen, regeneriert sich das Ökosystem. Wenn wir mitdenken, heilt auch die Landschaft.

Natur ist kein starrer Zustand. Sie ist Bewegung, Anpassung, Resilienz. Und sie lädt uns ein, Teil dieser Bewegung zu sein – nicht als Gegner, sondern als Mitgestaltende.

Die gute Nachricht lautet: Es ist noch nicht zu spät. Im Gegenteil. Der Wandel hat begonnen – und er ist ansteckend.

Kapitel 14: Kreativität in der Krise – Innovationen in Kriegsgebieten

Wenn wir an Krieg denken, denken wir an Zerstörung. An Leid, Angst, Trümmer. Und das zu Recht – denn Gewalt hinterlässt tiefe Wunden, körperlich wie seelisch. Doch gerade in den dunkelsten Zeiten entstehen oft auch die erstaunlichsten Formen von Widerstand, von Erfindungsgeist, von Menschlichkeit. Und zwar nicht nur an der Front, sondern im Alltag. In Kellern. In Werkstätten.

Denn Krise ist auch: Notwendigkeit. Und Notwendigkeit ist oft der Auslöser für Kreativität. Wenn nichts mehr funktioniert, wie es soll – dann fangen Menschen an, anders zu denken. Neue Wege zu gehen. Zu improvisieren. Zu retten, was geht. Und manchmal: Neues zu schaffen, das vorher undenkbar war.

Dieses Kapitel erzählt von genau diesen Ideen. Von digitalem Unterricht im Bombenhagel. Von 3D-Druck in Trümmerstädten. Von Musik, die trotz Zensur gehört wird. Es ist ein Kapitel über Mut. Über kluge Köpfe unter Druck. Und über die stille Kraft der Innovation – gerade dort, wo Hoffnung am meisten gebraucht wird.

Technik unter Beschuss – Wie Not erfinderisch macht

Seit Beginn des russischen Angriffs auf die Ukraine im Jahr 2022 hat sich ein Netzwerk aus Start-ups, Ingenieurinnen, Hackern und Freiwilligen formiert, das unter dem Begriff „Tech Resistance„ bekannt wurde. Ihre Mission: Lösungen entwickeln, wo keine Infrastruktur mehr vorhanden ist.

Eines ihrer Projekte: 3D-gedruckte Prothesen für Kriegsversehrte – produziert direkt in Kiew, mit einfachen Mitteln, individuell anpassbar, kostengünstig. Oder: Drohnentechnik zur Evakuierung Verwundeter. Ursprünglich für Landwirtschaft entwickelt, wird sie nun umfunktioniert – mit Kameras, mit Wärmebild, mit Transportvorrichtungen.

Auch im Bildungsbereich passiert Erstaunliches: Über die Plattform „School on Air„ unterrichten Lehrerinnen per Livestream aus sicheren

Regionen Schüler, die in Bunkern sitzen. Unterricht trotz Stromausfall – durch Solarstrom und mobile Router. Was nach Science-Fiction klingt, ist Alltag im Ausnahmezustand.

Ähnliche Beispiele gibt es aus Syrien: Dort wurden mobile Wasserfilter entwickelt, die ganz ohne Strom funktionieren. Oder Mini-Kliniken in Containern, ausgestattet mit solarbetriebenen OP-Lampen, gebaut von syrischen Ingenieuren in der Türkei. Das Prinzip: Schnell, lokal, effizient – weil jede Minute zählt.

Diese Innovationen entstehen nicht aus Forschungsetats. Sie entstehen aus Dringlichkeit. Aus der Frage: Was brauchen wir jetzt – und wie bekommen wir es hin? Der Maßstab ist nicht Perfektion. Sondern Wirkung. Und das Ergebnis: erstaunlich.

Kunst im Ausnahmezustand – Widerstand mit Pinsel, Kamera und Wort

Wenn der Alltag zerbricht, greifen viele Menschen zu etwas, das Bestand hat: zur Kunst. Denn Kunst ist nicht nur Ausdruck – sie ist auch Bewältigung. Und manchmal: leiser Protest.

In der Ukraine entstanden seit 2022 hunderte Wandbilder, Graffitis und Plakataktionen. Sie zeigen Mut, Trauer, Wut – und einen ungebrochenen Lebenswillen. Künstler:innen wie Sasha Korban oder Hamlet Zinkivsky arbeiten mit Symbolen, die Hoffnung machen: Sonnenblumen, ukrainische Verse, Schutzengel auf Mauern mit Einschusslöchern. Kunst im öffentlichen Raum – als psychologischer Schutzraum.

In Syrien entstanden während des Bürgerkriegs ganze Theaterstücke in improvisierten Kellerräumen. Gespielt wurde bei Kerzenlicht, für Kinder, für Alte, für alle, die vergessen wollten, dass draußen Bomben fallen. Die NGO Theatre for Everybody tourte jahrelang durch zerstörte Städte – mit nichts als Handpuppen und Geschichten. Und schenkte damit etwas, was kein Geld ersetzen kann: Würde.

Auch Musik ist ein Mittel gegen das Verstummen. In Afghanistan nahmen Mädchen, denen der Schulbesuch verboten wurde, Podcasts auf – heimlich, über VPN-Netze, geteilt über USB-Sticks. In Myanmar dokumentierten Musiker die Proteste gegen die Militärjunta mit Liedern, die sich viral verbreiteten – trotz Internetzensur.

Diese Formen des kulturellen Widerstands sind nicht ungefährlich. Viele riskieren ihr Leben. Aber sie zeigen: Selbst unter härtesten Bedingungen bleibt der Mensch schöpferisch. Und seine Stimme: unüberhörbar.

Zivilgesellschaft unter Druck – Wenn Bürger selbst zur Infrastruktur werden

Kriege zerstören nicht nur Gebäude, sondern auch staatliche Strukturen. Schulen schließen, Verwaltungen brechen zusammen, Versorgungsketten reißen. Doch oft entsteht gerade dann etwas Erstaunliches: Eigeninitiative. Menschen übernehmen Verantwortung – nicht weil sie müssen, sondern weil sonst niemand da ist.

In der Ukraine entstand 2022 das Netzwerk „Repair Together„: junge Menschen aus Städten wie Lwiw oder Kiew reisen in zerstörte Dörfer und helfen beim Wiederaufbau – Fenster reparieren, Dächer decken, Gärten wiederbeleben. Das Besondere: Es wird gemeinsam gearbeitet, getanzt, gekocht. Wiederaufbau als soziale Bewegung.

In Aleppo, Syrien, entwickelte eine Gruppe Studierender eine digitale Plattform, um freie Ärzte, Apotheken und Hilfseinrichtungen zu vernetzen. Per SMS oder einfacher App konnten Menschen in Echtzeit sehen, wo Hilfe verfügbar ist – ein medizinisches Navigationssystem inmitten des Chaos.

Auch Bildungsnetzwerke entstehen aus der Not heraus: In Gaza wurde eine „Zeltschule„ mit digitalem Whiteboard eingerichtet – autark mit Solarstrom, WLAN über Richtfunk. In Somalia, wo viele Schulen durch Konflikte zerstört wurden, startete ein Bildungsprojekt via Radiowellen: täglicher Unterricht für tausende Kinder, mit lokalem Bezug und in der Muttersprache.

Diese Initiativen zeigen: Wenn offizielle Strukturen versagen, wachsen oft neue – basisnah, flexibel, technologiegestützt. Sie sind nicht nur

Überbrückung. Sie sind Keimzellen für einen anderen, menschlicheren Wiederaufbau.

Innovationen, die bleiben – Zukunft aus der Not geboren

Viele der Ideen, die in Kriegszeiten entstehen, sind nicht nur Notlösungen. Sie sind Vorkehrungen für die Zukunft. Was unter Druck erfunden wurde, funktioniert oft auch in der Stabilität – effizient, lokal, skalierbar.

Beispiel Ukraine: Die 3D-Prothesen, die einst aus Mangel geboren wurden, werden heute exportiert. Die dort entwickelte Drohnentechnik zur medizinischen Lieferung wird inzwischen auch in Katastrophengebieten weltweit eingesetzt – etwa nach Erdbeben oder Überschwemmungen.

In Syrien wurden solarbetriebene Wasserfilter nach dem Krieg in entlegene Regionen Ostafrikas geliefert – als bewährte, kostengünstige Lösung. Und die Radiounterrichtsmodelle aus Somalia inspirieren inzwischen Bildungsprogramme in Mali, im Tschad und in ländlichen Regionen Südamerikas.

Auch der kulturelle Widerstand wirkt weiter: Wandbilder, Lieder, Texte aus Kriegsgebieten zirkulieren global. Sie stärken Solidarität, öffnen neue Diskurse, schaffen Identität über Grenzen hinweg.

All das zeigt: Die Erfindungen aus der Krise sind keine Notbehelfe. Sie sind oft robuster, anpassungsfähiger, wirkungsvoller als viele Konzepte aus wohlgeordneten Labors. Und sie machen Mut – weil sie zeigen, wozu Menschen fähig sind, wenn alles fehlt außer dem Willen, etwas zu verändern.

Fazit: Hoffnung trotz allem – Die Menschlichkeit erfindet sich neu

Krieg ist das Schlimmste, was einer Gesellschaft widerfahren kann. Und doch entsteht selbst dort Hoffnung – nicht durch Heldentum, sondern durch Hingabe. Nicht durch große Worte, sondern durch konkrete Lösungen.

Dieses Kapitel zeigt: Wo alles brennt, entstehen Funken. Und diese Funken können lodern – als Ideen, als Netzwerke, als Projekte. Sie beweisen, dass der Mensch nicht nur zerstören kann, sondern auch erschaffen. Selbst unter extremsten Bedingungen.

Vielleicht ist das die wichtigste Botschaft: Auch wenn Systeme zerfallen – Kreativität bleibt. Und mit ihr die Hoffnung, dass es weitergeht. Anders, aber weiter. Menschlicher vielleicht. Und genau darin liegt die Kraft.

Kapitel 15: Die Welt im Jahr 2035 – Eine vorsichtige Utopie

Es ist das Jahr 2035. Und nein – die Welt ist nicht perfekt geworden. Es gibt weiterhin Konflikte, Ungerechtigkeit, Naturkatastrophen. Es gibt Angst, Zweifel, Überforderung. Aber es gibt auch etwas anderes. Etwas, das vor zehn Jahren kaum jemand für möglich hielt: Fortschritt – sichtbar, greifbar, wirksam. Und vor allem: menschlich.

Dieses Kapitel ist keine Science-Fiction. Es ist ein Ausblick, der auf Trends basiert, die schon heute erkennbar sind. Eine Erzählung dessen, was möglich wäre – wenn wir als Menschheit klug entscheiden. Wenn wir bestehende Entwicklungen ernst nehmen, konsequent fortführen und Vertrauen in unsere eigene Gestaltungsfähigkeit setzen.

Nicht alles wird gut. Aber vieles besser. Schritt für Schritt, Entscheidung für Entscheidung. Willkommen in der Welt von morgen – einer Welt, die anders ist, weil wir sie anders gedacht haben.

Eine Welt mit weniger Armut – und mehr Möglichkeiten

Im Jahr 2035 lebt nur noch etwa 4 % der Weltbevölkerung in extremer Armut. Die Zahl der Menschen ohne Zugang zu sauberem Trinkwasser, Strom oder medizinischer Grundversorgung hat sich seit 2020 halbiert. Möglich wurde das durch gezielte Entwicklungspartnerschaften, Mikrofinanzinitiativen, mobile Infrastruktur – und durch den politischen Willen, globale Gerechtigkeit nicht nur zu fordern, sondern umzusetzen.

Dank digitaler Bildungsplattformen ist die Alphabetisierungsrate weltweit auf über 93 % gestiegen. Selbst in entlegenen Regionen unterrichten heute ausgebildete Kräfte per App, Radio oder Solar-Tablet. In Indien, Äthiopien und Nigeria ist digitales Lernen längst Standard – mehrsprachig, lokal angepasst, kostenfrei.

Auch in der medizinischen Grundversorgung hat sich Erstaunliches getan: Durch KI-gesteuerte Diagnosegeräte und mobile Minikliniken können heute selbst ländliche Gebiete zuverlässig versorgt werden. Impfstoffe gegen Malaria, HIV und RSV haben die Kindersterblichkeit drastisch gesenkt. Gentherapien, einst teuer und exklusiv, wurden durch globale Patentfreigaben und Produktion in Schwellenländern bezahlbar.

Die Menschheit hat Armut nicht besiegt. Aber sie hat ihr die Selbstverständlichkeit genommen. Und sie hat gelernt: Teilhabe ist machbar – wenn man sie will.

Eine klimabewusstere Welt – vom Notstand zur Gestaltung

Im Jahr 2035 ist das 1,5-Grad-Ziel zwar nicht ganz erreicht worden – aber es wurde auch nicht leichtfertig aufgegeben. Viele Länder haben ihre Emissionen drastisch reduziert. Die EU, Südkorea, Chile und Neuseeland sind inzwischen klimaneutral, viele weitere Staaten haben sich bis 2040 verpflichtet. Chinas Kohleausstieg schreitet schneller voran als erwartet, weil grüne Technologien schlicht wirtschaftlicher sind.

Über 70 % des weltweiten Stroms stammen heute aus erneuerbaren Quellen. Solarenergie ist fast überall die günstigste Stromquelle – selbst in Ländern, die früher auf Öl und Gas setzten. Afrika ist zum Netto-Stromexporteur geworden, dank dezentraler Netze und riesiger Solarparks in der Sahelzone.

Auch die Mobilität hat sich verändert: In den Städten fahren Elektrobusse, autonome Sammeltaxis und Wasserstoffzüge. Der Individualverkehr ist stark zurückgegangen – nicht durch Verbote, sondern durch bessere Alternativen. Fahrrad-Highways, intelligente Verkehrssteuerung und nutzerfreundliche „Mobility-as-a-Service„-Plattformen haben die Mobilität effizienter und gerechter gemacht.

Die Atmosphäre hat sich nicht erholt – aber sie hat sich stabilisiert. Das Schreckgespenst der Kipppunkte ist nicht verschwunden, aber weiter hinausgeschoben. Und was am meisten zählt: Klimaschutz ist nicht länger nur moralische Pflicht – er ist gesellschaftlicher Konsens. Weil er Lebensqualität bedeutet. Sicherheit. Zukunft.

Eine wachsamere Gesellschaft – Demokratie lebt durch Beteiligung

Im Jahr 2035 ist Demokratie keine Selbstverständlichkeit – aber auch keine stille Routine mehr. Sie ist wieder sichtbar geworden: auf Marktplätzen, in Klassenzimmern, in digitalen Räumen. Menschen diskutieren, streiten, entscheiden mit. Und das mit einer Ernsthaftigkeit, die aus Erfahrung gewachsen ist.

Die Generation Z hat ihre Rolle gefunden – nicht nur auf der Straße, sondern auch in Stadtparlamenten, Ministerien, Vorständen. Politische Bildung beginnt früh, ist digital gestützt und erfahrungsbasiert. Bürgerhaushalte, digitale Abstimmungen, Schulprojekte mit realer Umsetzung – all das hat das Verhältnis zur Politik verändert: weg vom Zuschauen, hin zum Mitgestalten.

Zugleich sind Desinformation und Extremismus zurückgedrängt worden. Nicht durch Zensur – sondern durch Aufklärung, durch Medienkompetenz, durch Vertrauen in Fakten. KI-basierte Factchecking-Systeme, öffentlich finanzierte Plattformen und ein pluraler Journalismus haben geholfen, die Diskussionsräume zurückzuerobern.

Das vielleicht Wichtigste: Demokratie hat gelernt, sich selbst zu erklären. Sie ist nicht mehr nur System, sondern wieder Gefühl. Eine Haltung. Eine Einladung.

Innovation mit Sinn – Arbeit, Technologie und Menschlichkeit

Die Welt im Jahr 2035 ist vernetzter denn je – aber nicht entmenschlicht. Der technologische Fortschritt hat seine Richtung geändert: weg von Effizienz um jeden Preis, hin zu Sinn, Teilhabe und Lebensqualität.

Roboter assistieren in der Pflege, aber sie ersetzen keine Zuwendung. Künstliche Intelligenz optimiert Verwaltungsprozesse, aber Entscheidungen mit ethischem Gewicht treffen weiterhin Menschen. Der Mensch steht wieder im Zentrum – als Nutzer, als Gestalter, als Mitdenkende.

Die Arbeitswelt ist vielfältig geworden: Viele arbeiten hybrid oder projektbasiert, wechseln häufiger zwischen Branchen oder gründen selbst. Die 30-Stunden-Woche ist in vielen Ländern Standard, nicht durch Zwang, sondern durch Wandel in den Prioritäten. Zeit ist wertvoller geworden – für Familie, für Gesundheit, für Engagement.

Auch der soziale Zusammenhalt hat sich verändert: Weniger Statusdenken, mehr Wertschätzung. Die „Heldinnen des Alltags,, – Pfleger, Lehrkräfte, Erzieherinnen – werden nicht nur beklatscht, sondern anständig bezahlt. Unternehmen verpflichten sich nicht nur zur CO_2-Bilanz, sondern auch zur sozialen Verantwortung.

Und vielleicht ist das die größte Veränderung: Technologie ist nicht länger Selbstzweck – sie ist Werkzeug für das Gemeinwohl. Das Leben ist nicht perfekter geworden. Aber greifbarer. Verständlicher. Gestaltbarer.

Fazit: Die Zukunft ist kein Versprechen – sondern ein Auftrag

Die Welt 2035 ist nicht die Welt, die wir uns immer erträumt haben. Aber sie ist näher dran, als viele gedacht hätten. Weil Menschen sich nicht abgewendet haben. Weil sie nicht zynisch wurden. Weil sie den Mut hatten, das Gute zu sehen – und daraus das Bessere zu machen.

Diese Utopie ist keine Illusion. Sie ist ein Möglichkeitsraum. Und die gute Nachricht lautet: Der erste Schritt dorthin beginnt im Kopf. In unserem Blick auf die Gegenwart. In der Haltung, mit der wir handeln.

2035 beginnt heute.

Schlusswort: Der Blick, der alles verändert

Warum es sich lohnt, das Gute zu sehen – und selbst Teil davon zu werden

Manchmal fühlt es sich an, als würde alles gleichzeitig schwieriger werden. Nachrichten über Krisen, Kriege, Katastrophen prasseln täglich auf uns ein. Die Welt wirkt hektischer, härter, unübersichtlicher. Und inmitten dieser Flut entsteht oft ein Gefühl der Überforderung – oder schlimmer noch: der Ohnmacht. Was kann ich schon ausrichten? Was bringt mein Handeln? Und warum eigentlich noch hoffen?

Dieses Buch ist mein Versuch, darauf eine Antwort zu geben. Keine naive. Keine ausweichende. Sondern eine begründete, durchdachte, hoffnungsvolle. Denn Hoffnung ist kein Zustand – sie ist eine Haltung. Eine Entscheidung. Und sie beginnt genau dort, wo wir anfangen, unseren Blick zu hinterfragen.

Der wichtigste Perspektivwechsel: Nicht alles ist schlecht – vieles ist im Wandel

In den vergangenen Kapiteln hast du gesehen, dass es zwei Realitäten gibt: Die der Herausforderungen – und die des Fortschritts. Beide sind wahr. Beide sind wichtig. Aber die eine ist oft viel lauter.

Ich wollte mit diesem Buch der leisen Seite eine Stimme geben. Der Seite, auf der Menschen tagtäglich an Lösungen arbeiten. Die nicht schreien, aber handeln. Die nicht klagen, sondern gestalten. Die nicht alles perfekt machen, aber vieles besser.

Denn es gibt sie überall: die kleinen Fortschritte, die mutigen Ideen, die klugen Initiativen, die unermüdlichen Menschen. Sie sorgen dafür, dass Kinder zur Schule gehen können, dass Strom aus der Sonne kommt, dass Krankheiten heilbar werden, dass Demokratien sich wehren, dass Arbeit menschlicher wird, dass Technologien verbinden statt trennen.

Diese Entwicklungen sind kein Zufall. Sie sind das Ergebnis von Haltung, von Engagement, von Hoffnung – umgesetzt in Taten.

Viele verwechseln Hoffnung mit Verdrängung. Dabei ist Hoffnung nichts Leichtfertiges. Hoffnung ist oft das Mutigste, was man empfinden kann. Besonders in schwierigen Zeiten.

Hoffnung bedeutet nicht, dass alles gut ist. Aber dass es besser werden kann. Und dass wir selbst etwas dazu beitragen können. Sie ist die Kraft, die uns handeln lässt – selbst wenn der Berg groß ist. Und sie ist das, was Menschen miteinander verbindet – über Kulturen, Altersgruppen und Weltanschauungen hinweg.

Denn wer hofft, sieht Möglichkeiten. Wer hofft, denkt weiter. Wer hofft, hört nicht auf, an Menschlichkeit zu glauben – auch wenn andere zynisch werden. Hoffnung ist Widerstand – gegen Resignation, gegen Gleichgültigkeit, gegen Angst.

Die leisen Kräfte der Welt sind oft die stärksten

Was mich beim Schreiben dieses Buches am meisten berührt hat, sind nicht nur die großen Entwicklungen – sondern die stillen Kräfte, die im Verborgenen wirken:

- Die Ingenieurin, die an einem Wassersystem tüftelt, das niemand bemerkt, bis es Leben rettet.

- Die Rentnerin, die jeden Samstag einen Suppentopf für die Nachbarschaft kocht.

- Der Teenager, der sich traut, in der Familie gegen Vorurteile aufzustehen.

- Die Pflegekraft, die zuhört, obwohl der Tag längst zu lang ist.

Diese Menschen haben keine Pressekonferenz. Sie twittern nicht darüber. Sie tun es einfach. Und sie sind es, die unsere Gesellschaft tragen.

Vielleicht ist das der schönste Gedanke am Ende dieses Buches: Dass niemand zu unbedeutend ist, um etwas zu bewirken.

Es beginnt im Kleinen: in einer Entscheidung. In einem Satz. In einem Blick. Wenn wir einander zuhören. Wenn wir Verantwortung übernehmen – für uns, für andere, für die Welt.

Du musst kein Politiker sein, keine Wissenschaftlerin, kein Aktivist. Es reicht, Mensch zu sein – mit Herz, mit Verstand, mit Haltung.

Denn gute Nachrichten entstehen nicht im Vakuum. Sie entstehen durch Menschen wie dich. Menschen, die sagen: Ich kann etwas tun. Ich will Teil der Lösung sein.

Die Welt steht nicht still – sie bewegt sich. Und wir bewegen mit

Wir leben in einer Zeit des Umbruchs. Alte Sicherheiten bröckeln, neue Fragen entstehen. Das ist herausfordernd – aber auch eine Chance. Denn genau jetzt wird entschieden, wie wir in Zukunft leben wollen.

Du hast gesehen, dass es Grund zur Zuversicht gibt: Krankheiten werden heilbar. Bildung wird zugänglicher. Demokratie lebt. Arbeit wird menschlicher. Technik hilft. Kapital kann Verantwortung übernehmen. Und im Alltag entstehen täglich kleine Wunder.

All das zeigt: Wir sind nicht machtlos. Im Gegenteil. Wir sind Teil eines globalen Prozesses – und wir haben mehr Einfluss, als uns oft bewusst ist.

Und jetzt?

Jetzt liegt es an uns. An dir. An mir. An jedem, der dieses Buch gelesen hat. Nicht, um perfekt zu sein. Nicht, um die Welt zu retten. Sondern um **den eigenen Blick zu verändern**.

Wenn du in Zukunft Nachrichten liest – frag dich: Was fehlt hier noch? Wenn du das Gefühl hast, alles wird schlechter – erinnere dich an die Beispiele.

Wenn du zweifelst, ob dein Handeln etwas bringt – denk an das Fahrrad in Kenia. An den Beutel in Indien. An den Nachbarn auf der Parkbank.

Denn genau das ist die Wahrheit: **Du kannst etwas bewirken.**